Geografia é destino?

JOHN LUKE GALLUP
ALEJANDRO GAVIRIA
EDUARDO LORA
Banco Interamericano de Desenvolvimento

Geografia é destino?

Lições da América Latina

Tradução
FERNANDO SANTOS

Praça da Sé, 108
01001-900 – São Paulo – SP
Tel.: (0xx11) 3242-7171
Fax: (0xx11) 3242-7172
www.editoraunesp.com.br
feu@editora.unesp.br

CIP – Brasil. Catalogação na fonte
Sindicato Nacional dos Editores de Livros, RJ

G163g

Gallup, John Luke, 1962-

Geografia é destino?: lições da América Latina/John Luke Gallup, Alejandro Gaviria, Eduardo Lora; tradução Fernando Santos. -- São Paulo: Editora UNESP, 2007.

Tradução de: Is geography destiny?: lessons from Latin America
Inclui bibliografia
ISBN 978-85-7139-778-1

1. Geografia econômica. 2. América Latina -- Condições econômicas. I. Gaviria, Alejandro, 1966-. II. Lora, Eduardo, 1953-. III. Banco Interamericano de Desenvolvimento. IV. Título.

07-3130 CDD: 330.98
CDU: 338.1(8)

Editora afiliada:

Série Fórum Latino-americano de Desenvolvimento

Esta série foi criada em 2003 para promover o debate, divulgar dados e análises, e transmitir, no que elas têm de instigante e complexo, as questões mais atuais do desenvolvimento econômico e social da América Latina e do Caribe. Ela é patrocinada pelo Banco Interamericano de Desenvolvimento, pela Comissão Econômica das Nações Unidas para a América Latina e o Caribe e pelo Banco Mundial. Os textos escolhidos para publicação representam o que há de melhor no que diz respeito à pesquisa e às atividades de cada instituição, tendo sido selecionados por sua importância para a comunidade acadêmica, para os responsáveis por políticas públicas e para os leitores interessados.

Membros do Conselho Consultivo

Abreviaturas e acrônimos

BCG	Bacilo Calmette-Guerin (tuberculose)
Cedeprenac	Centro de Coordenação para a Prevenção de Desastres Naturais
Cenepi	Centro Nacional de Epidemiologia (Brasil)
CGIAR	Grupo Consultivo sobre Pesquisa Agrícola Internacional
Dane	Departamento Administrativo Nacional de Estatística (Colômbia)
DPT	Difteria, tétano, coqueluche
Eclac	Comissão Econômica para a América Latina e o Caribe
ENE	Pesquisa Nacional de Emprego
ZPE	Zona de Processamento de Exportação
ESRI	Instituto de Pesquisa de Sistemas Ambientais
FAO	Organização das Nações Unidas para Agricultura e Alimentação
Foncondes	Fundo Nacional de Compensação Social (Peru)
PIB	Produto Interno Bruto
IBGE	Instituto Brasileiro de Geografia e Estatística (Brasil)
CID	Classificação Internacional de Doenças
BID	Banco Interamericano de Desenvolvimento
FICV	Federação Internacional da Cruz Vermelha
FMI	Fundo Monetário Internacional
IMF	Índice de Mortalidade Infantil
INBio	Instituto Nacional de Biodiversidade (Costa Rica)
INE	Instituto Nacional de Estatística (Bolívia)
Inegi	Instituto Nacional de Estatística, Geografia e Informática (México)
LSMS	Pesquisa de Medição de Padrões de Vida
Nafta	Tratado de Livre-Comércio do Atlântico Norte
NBER	Escritório Nacional de Pesquisa Econômica
OEA	Organização dos Estados Americanos
OCDE	Organização para a Cooperação e Desenvolvimento Econômico
OFDA	Secretaria de Ajuda em Situações de Desastre no Exterior
Opas	Organização Pan-Americana da Saúde

PRI	Partido Revolucionário Institucional (México)
SIM	Sistema de Informação de Mortalidade
UBN	Necessidades Básicas Não-satisfeitas
Udape	Unidade de Análise de Política Econômica
UNCTAD	Conferência das Nações Unidas sobre Comércio e Desenvolvimento
PNUD	Programa das Nações Unidas para o Desenvolvimento
Pnuma	Programa das Nações Unidas para o Meio Ambiente
UNFPA	Fundo das Nações Unidas para a População
Unicef	Fundo das Nações Unidas para a Infância
Usaid	Agência dos Estados Unidos para o Desenvolvimento Internacional
WEPZA	Associação Mundial das Zonas de Processamento Econômico
OMS	Organização Mundial da Saúde

Sumário

DIAGRAMAS

MAPAS

TABELAS

Prefácio

Às vezes, as perguntas mais ingênuas são as mais interessantes. Por que alguns países são mais pobres do que outros? Por que alguns países da América Latina não conseguem crescer a um ritmo satisfatório mesmo tendo seguido todas as recomendações prescritas pelos economistas? Por que as desigualdades são maiores nas sociedades latino-americanas do que em outras regiões em desenvolvimento?

Embora o Departamento de Pesquisa do Banco Interamericano de Desenvolvimento (BID) seja composto por economistas, reconhecemos que para responder a questões como essas precisaríamos penetrar em um terreno que vai além da economia. Por volta de 1998, já estávamos investigando a influência dos fatores demográficos e havíamos iniciado alguns estudos acerca dos efeitos das instituições políticas sobre a qualidade dos governos da América Latina. Os dados e a intuição, porém, diziam-nos que ainda faltava algo. Inspirados pelos trabalhos de célebres autores como os citados na Introdução deste livro, iniciamos uma série de pesquisas sobre a influência da geografia no desenvolvimento da América Latina. Como a capacidade do Departamento de Pesquisa nessa área era limitada, os responsáveis pelo projeto (Eduardo Lora e Alejandro Gaviria) resolveram se reunir a John Luke Gallup, à época pesquisador no Centro para o Desenvolvimento Internacional da Universidade de Harvard. Ele já estava trabalhando com a questão da geografia com Jeffrey Sachs. Também decidimos contratar algumas pesquisas exploratórias em diversos países, sob os auspícios da Rede de Centros de Pesquisa da América Latina do BID. O BID criou essa rede em 1991 a fim de fortalecer a formulação de políticas e contribuir para o programa de políticas de desenvolvimento na América Latina. Por intermédio de um processo de licitação competitivo, a rede forneceu recursos para nove estudos de caso baseados em um programa de pesquisa aberto, de modo que cada equipe pudesse empregar da melhor maneira possível a informação disponível no país e explorar os diferentes ângulos da pesquisa. Embora a estratégia fosse arriscada, ela acabou se mostrando produtiva, não apenas para nossa pesquisa como também para os centros envolvidos. Vários deles descobriram novas áreas de pesquisa relacionadas à geografia, como infra-estrutura rodoviária, saúde e descentralização política e fiscal.

Os autores das pesquisas originais da Rede de Centros de Pesquisa da América Latina foram María Carmen Choque, Erwin Galoppo, Luis Carlos

Jemio, Rolando Morales e Natacha Morales (CIESS-Econometrica SRL, Bolívia); Lykke Andersen, Eduardo Antelo, José Luis Evia, Osvaldo Nina e Miguel Urquiola (Universidade Católica Boliviana, Bolívia); Carlos R. Azzoni, Narcio Menezes Filho, Tatiane A. de Menezes e Raul Silveira Neto (Fundação Instituto de Pesquisas Econômicas, FIPE, Brasil); Denisard Alves, Robert Evenson, Elca Rosenberg e Christopher Timmins (Universidade de São Paulo, Brasil); Ricardo Bitrán, Cecilia Má e Gloria Ubilla (Bitrán y Asociados, Chile); Jairo Núñez Méndez e Fabio Sánchez Torres (CEDE, Universidade dos Andes, Colômbia); Gerardo Esquivel (Centro de Estudos Econômicos, Colégio do México, México); Roberto Blum e Alberto Díaz Cayeros (Cidac, Centro de Pesquisa para o Desenvolvimento, México); e Javier Escobal e Máximo Torres (Grade, Grupo de Análise do Desenvolvimento, Peru).

Este livro também contou com a colaboração generosa de várias pessoas. É preciso fazer menção especial a Céline Charvériat, que nos alertou para os efeitos devastadores dos desastres naturais na América Latina e preparou a seção acerca desse tema no Capítulo 1, bem como várias seções sobre as possibilidades das políticas urbanas e regionais, que foram incorporadas ao Capítulo 3. Coube a Mauricio Olivera e Jorge Cepeda a missão trabalhosa de ajudar a preparar gráficos e tabelas e a compilar os arquivos para publicação. Vários colegas do Departamento de Pesquisa e de outros departamentos do BID fizeram correções e sugestões valiosas, a começar por Ricardo Hausmann, na ocasião economista-chefe do BID, que nunca deixou de dar seu apoio ao projeto. Rita Funaro ajudou-nos a dar um novo formato às versões iniciais e fez, do começo ao fim, proveitosas sugestões editoriais.

Introdução
Geografia é destino?

Após várias décadas de indiferença e desconfiança, economistas e outros cientistas sociais redescobriram a geografia. Os líderes dessa redescoberta foram intelectuais do porte de David Landes, Jared Diamond e Jeffrey Sachs, para citar alguns.

> [A geografia] revela-nos uma verdade desagradável, a saber, que a natureza, assim como a vida, é desagradável e injusta ao distribuir seus benefícios; mais ainda, que não é fácil corrigir a parcialidade da natureza ... No entanto, seria um erro considerar a geografia destino. É possível diminuir ou evitar sua importância, embora invariavelmente isso tenha um preço... Afastar ou ignorar o problema não fará que ele desapareça nem nos ajudará a solucioná-lo.
>
> *David Landes*

> A impressionante diferença entre as histórias de longo prazo dos povos de distintos continentes não se deve a diferenças inatas entre os próprios povos, mas a diferenças entre seus ambientes.
>
> *Jared Diamond*

> Se os cientistas sociais passassem mais tempo observando os mapas, eles se lembrariam da força que os padrões geográficos exercem no desenvolvimento econômico.
>
> *Jeffrey Sachs*

Esse renascimento representa o triunfo da razão e da ciência sobre a desconfiança e a suposição. Ele rejeita os epítetos – "determinista", "reducionista", "fatalista" e "racista" – lançados contra aqueles que defendem que as condições geográficas influenciam o desenvolvimento. Afinal, a evidência está aí. Localização, clima e solo fazem, de fato, diferença. São eles os únicos fatores que importam para o desenvolvimento? Claro que não. Geografia é destino? Talvez, se sua importância for ignorada.

A decepção com a geografia levou muitas universidades a fechar seu departamento de geografia após a Segunda Guerra Mundial. Uma das poucas que mantiveram esses estudos foi a London School of Economics. Seu lema é *Rerum cognoscere causas* – conhecer a causa é, em última análise, o objetivo de toda pesquisa científica. Todas as ciências estão baseadas na relação entre causa e efeito. Qualquer coisa que não seja determinada por uma causa é aleatória e, portanto, está além de qualquer possibilidade de discernimento. Desse ponto de vista, o "determinismo" é uma posição mais sensata do que o ceticismo, que obriga à capitulação diante da ignorância. Porém, nenhum pesquisador sério acredita que qualquer fator isolado, por mais importante que seja, é capaz de determinar sozinho resultados como escravidão, pobreza ou desenvolvimento. É sempre da interação entre umas e outras condições que os resultados podem – só podem – surgir. Não surpreende que os pesquisadores sociais, especialmente os economistas, tenham transformado a teoria probabilística e suas aplicações empíricas em parte integrante de sua caixa de ferramentas.

Os cientistas fazem experiências para isolar a influência dos inumeráveis fatores que podem influenciar um fenômeno. A velocidade de um corpo em queda não depende apenas da força da gravidade, mas também da resistência do corpo ao ar, a qual, por sua vez, é determinada por sua forma e por outras características físicas. Para provar que a lei da gravidade é uma "lei", esses fatores têm de ser isolados, empregando-se, por exemplo, uma câmara de vácuo.

Embora não existam experiências puras como essa nas ciências sociais, os cientistas sociais têm meios de criar suas próprias câmaras de vácuo, nas quais podem observar a influência de um fator isolado sobre um fenômeno de seu interesse. Os economistas, por exemplo, utilizam a econometria para estudar como a mudança em uma variável (a variável explicativa) afeta o fenômeno de interesse (a variável dependente) quando outras variáveis relevantes são mantidas constantes. Por razões metodológicas, portanto, a ciência é "reducionista". Não há nada de errado com essa abordagem, desde que não se perca de vista o contexto. Uma vez que se determine que a força da gravidade afeta igualmente todos os corpos, independentemente de seu peso, forma ou tamanho, deve-se lembrar uma vez mais que nem todos os corpos caem à mesma velocidade. Para os nossos objetivos, provar que a geografia influencia o desenvolvimento não significa negar outros fatores.

"Geografia" é um conceito que abarca várias dimensões, o que é o mesmo que dizer que a geografia afeta o desenvolvimento por meio de vários canais, não apenas de um. Este livro distingue entre canais físicos, como a produtividade da terra, o regime de chuvas ou a temperatura, e canais humanos, como a localização das populações em relação ao litoral ou aos centros urbanos. O processo de isolamento de cada uma dessas influências é complexo. Como em qualquer outro esforço realizado pela ciência, nem sempre se chega à resposta correta na primeira tentativa.

Na América Latina, tanto as condições geográficas quanto os resultados do processo de desenvolvimento variam muito. Existem regiões onde os níveis de renda e as condições de saúde não diferem substancialmente daquelas típicas da África. Mas também existem cidades onde a renda, a saúde e a educação encontram-se muito mais próximas dos padrões do mundo industrializado do que daquilo que é típico do mundo em desenvolvimento. A geografia teve algo a ver com esses resultados? Mais importante, a influência da geografia pode ser dirigida para desenvolver os países e as regiões desamparados?

Determinismo e fatalismo

Para lidar com essas questões, este livro aceita o grau e o tipo de determinismo característico de qualquer pesquisa científica, mas rejeita qualquer insinuação de fatalismo. Como exemplo, a predisposição genética para o infarto é um fato que não pode ser mudado, mas estar ciente dela pode representar a diferença entre a morte prematura e uma vida longa (mesmo que a morte acabe ocorrendo em conseqüência do infarto). É claro que a diferença não está na informação em si, mas em saber se a pessoa predisposta ao infarto resolve seguir com afinco as recomendações médicas relativas a sua saúde. Conseqüentemente, o determinismo não tem nada a ver com o que pode ou não ser feito. O determinismo não inibe nossa liberdade; na verdade, munindo-nos com um conhecimento que podemos utilizar para modificar o modo com que nossas próprias condições nos afetam, ele a amplia. Ridley (1999), autor de vários livros de divulgação científica, escreve: "A liberdade está em expressar seu próprio determinismo, não o de outra pessoa. O que faz a diferença não é o determinismo, mas o domínio" (p.313).

No universo das ciências sociais, a geografia tende a receber o mesmo tratamento que era dado à genética no universo das ciências médicas e biológicas há alguns anos. Se a genética não pode ser modificada, para que serve? E se pode ser modificada, qual o sentido de alterar os sábios desígnios da natureza? O fatalismo com relação à genética não se referia à própria genética, mas aos preconceitos de seus possíveis usuários e beneficiários. A oposição popular à genética não desapareceu de todo, mas agora o conhecimento da genética moveu-se para um ponto que se encontra além daquela discussão. A biologia molecular irá modificar profundamente o ensino da medicina e, eventualmente, também nossa vida. Isso será verdade mesmo que os cientistas abstenham-se completamente de realizar qualquer tipo de manipulação ou seleção genética. O arsenal de informações fornecido pelos genes é útil para detectar a propensão às doenças, para compreender o que as provoca e como se desenvolvem e, em última análise, para evitá-las, tratá-las e curá-las.

Seria exagero afirmar que a geografia representa para o desenvolvimento das sociedades o que a genética representa para o desenvolvimento dos seres vivos (embora ambos os processos estejam estreitamente ligados, como Jared Diamond [1997] demonstrou). Mas a analogia serve para enfatizar que é incorreto equiparar determinismo e fatalismo, mesmo que alguns fatores que determinam quem somos (como seres humanos ou sociedades) não possam ser modificados. De fato, alguns fatores geográficos representam uma restrição ao desenvolvimento; porém, ao compreendê-los e ao elaborar políticas apropriadas para lidar com eles, podemos ajudar os países a se libertar dessas restrições.

A analogia entre geografia e genética também é útil porque ambas as disciplinas foram estigmatizadas por interpretações racistas resultantes dos preconceitos de alguns de seus antigos defensores. Na década de 1920, Ellsworth Huntington, um dos primeiros a estudar metodicamente a relação entre geografia e cultura, popularizou a tese de que o ambiente físico e a herança racial são as duas determinantes do caráter e da disposição para o trabalho, e, conseqüentemente, do progresso das sociedades (Huntington, 1927). Durante décadas, Francis Galton e sua Sociedade da Eugenia defenderam que "as raças podem ser aperfeiçoadas" por um processo deliberado de seleção (Galton 1889, apud Weiner 1999, p.92). Essa noção obteve grande aceitação nos círculos acadêmicos e governamentais dos Estados Unidos e de diversos países europeus. Porém, o método acabou se encerrando de maneira trágica com as experiências raciais e as campanhas de esterilização dos nazistas como parte do Holocausto. Seguiu-se, então, a vergonha e a expiação, resultando na rejeição das disciplinas associadas àqueles horrores.

Meio século depois, estudos de genética vieram demonstrar de maneira absoluta que o conceito de raça não tem nenhuma base biológica. A interpretação do genoma humano mostrou que não há nenhuma diferença sistemática entre os genes das diferentes raças, e que o conceito de raça é mais cultural e sociológico do que biológico. Dessa forma, o conhecimento avançado de uma disciplina que, não faz muito tempo, era repudiada como racista será responsável por nos libertar de preconceitos racistas.

Algo semelhante está acontecendo com o estudo da geografia. A tese central da obra de Jared Diamond é que as variações nos padrões de desenvolvimento explicam-se pelas diferenças nas condições naturais, não pelas diferenças entre os diversos povos. Ao procurar as chaves do desenvolvimento na geografia – o estudo da Terra, de suas características e da vida que ela sustenta –, desafiamos as acusações de racismo com sua própria definição.

Três pontos de vista

Os canais por meio dos quais a geografia influencia o desenvolvimento econômico e social podem ser estudados em diferentes níveis e perspectivas de tempo. No Capítulo 1, a unidade básica de observação são os países, e, não obstante algumas considerações históricas, o horizonte de análise está limitado às últimas quatro ou cinco décadas. O objetivo é determinar até que ponto a geografia é responsável pelas diferenças no desenvolvimento entre os países e, mais especificamente, entre a América Latina e os outros grupos de países. O desenvolvimento econômico e social da América Latina foi, e continua sendo, influenciado tanto pela geografia física (clima e características do solo e da topografia) quanto pela geografia humana (padrões de assentamento da população). Os mais significativos canais de influência da geografia são a produtividade da terra, a presença de doenças endêmicas, a ocorrência de desastres naturais, a localização dos países e de suas populações com relação ao litoral e a concentração da população nas áreas urbanas.

No Capítulo 2, o nível de observação é o das regiões no interior dos países latino-americanos com a maior diversidade geográfica: Bolívia, Brasil, Colômbia, México e Peru. Utilizando perspectivas históricas diferentes conforme o país, esse capítulo analisa a influência da geografia nas desigualdades econômicas regionais, nos padrões de concentração espacial das populações e nas variações regionais dos padrões de saúde. Embora as pesquisas por país limitem o campo de observação, apresentam algumas vantagens com relação à abordagem comparativa internacional. Em primeiro lugar, permitem isolar a influência de fatores nacionais, como as instituições ou a cultura, que não podem ser controlados nas comparações internacionais. Como esses fatores variam menos dentro de cada país do que entre os países, a probabilidade de apreender a influência da geografia de forma mais pura é maior nas pesquisas nacionais. Em segundo, as análises por país permitem distinguir melhor os canais de influência, uma vez que se pode adotar uma informação mais detalhada e homogênea. Elas também tornam possível a combinação de dados estatísticos com evidências históricas e etnográficas, o que seria difícil de incorporar nas comparações entre vários países. Além de ratificar muitas das conclusões do Capítulo 1, as conclusões desse capítulo chamam a atenção para a presença de interações complexas entre geografia, instituições e padrões climáticos.

Os dois primeiros capítulos voltam o olhar para o passado, procurando determinar se a geografia é uma das causas que explicam os atuais níveis de desenvolvimento dos países latino-americanos e das regiões que fazem parte deles. Em contraposição, o Capítulo 3 olha à frente, em busca do que pode ser feito. A resposta para algumas desvantagens geográficas podem ser estradas e comunicações em maior número e de melhor qualidade, embora algumas soluções possam estar além do que alguns países são capazes de realizar, especialmente aqueles que são mais pobres porque suas condições geográficas são mais desfavoráveis. Mas o conjunto de soluções possíveis não termina aqui. A maioria dos instrumentos de política pública que podem influenciar os efeitos da geografia não é nova: políticas de desenvolvimento regional ou urbano, projetos de pesquisa e de tecnologia ou estratégias de descentralização. A novidade é que essas políticas conseguem incorporar melhor as diversas variáveis geográficas que influenciam sua eficácia. A incapacidade de incorporar essas variáveis em políticas traduz-se em perda de bem-estar das populações mais pobres dos países latino-americanos.

1

Os canais de influência da geografia: a América Latina vista de uma perspectiva internacional

DIANTE dos numerosos indícios e dificuldades que chamam a atenção para sua permanente conexão com o desenvolvimento, a geografia continua sendo amplamente ignorada nas discussões sobre políticas públicas na América Latina. Furacões e terremotos provocam inúmeros prejuízos, feridos e mortos que podem ser evitados; milhares de pessoas sofrem com doenças endêmicas cuja cura ou tratamento continuam ilusórios; famílias rurais permanecem atoladas na pobreza em razão da baixa produtividade da terra e da falta de tecnologias adequadas; e enorme quantidade de latino-americanos amontoa-se nas cidades, sem acesso à infra-estrutura básica. Além disso, em diversas regiões da América Latina persiste o problema da exclusão de comunidades indígenas e outras minorias raciais, as quais, por razões históricas, localizam-se em áreas geográficas desfavoráveis. O isolamento físico, econômico e social dessas áreas tende a reforçar a distância entre o desenvolvimento desses grupos e o do restante da sociedade.

Todos esses problemas, e muitos outros que virão à tona nas páginas deste livro, são resultado da geografia e de seu relacionamento com as sociedades da América Latina ao longo da história. Muitos dos efeitos dolorosos desses problemas poderiam ter sido evitados ou mitigados se a influência da geografia tivesse sido mais bem compreendida. Embora muitas das condições geográficas, como clima e localização, não possam ser alteradas, podemos controlar sua influência ou canalizá-la para os objetivos do desenvolvimento econômico e social.

A geografia afeta o desenvolvimento pela interação entre as características físicas da paisagem – como clima, topografia e qualidade do solo – e os padrões de assentamento das populações. Este capítulo examina como essas interações afetam o desenvolvimento econômico e social partindo de uma perspectiva internacional – oposta à perspectiva intranacional que será adotada no Capítulo 2.

O objetivo não é discutir as influências que atuam no sentido contrário – isto é, do desenvolvimento (ou a falta dele) para a geografia. Dessa forma, neste capítulo não consideramos os efeitos da erosão, da poluição e da superexploração dos recursos naturais sobre a sustentabilidade ambiental, os quais, admite-se, podem afetar a própria possibilidade de desenvolvimento a longo prazo. Curiosamente, esses canais de influência foram objeto de mais análises do que os efeitos imediatos da geografia sobre o desenvolvimento.

A geografia influencia o desenvolvimento econômico e social por meio de quatro canais básicos: produtividade da terra, condições de saúde, freqüência e intensidade dos desastres naturais e acesso aos mercados. Naturalmente, esses canais interagem com a distribuição espacial da população e da produção, que, por sua vez, é amplamente endógena aos fatores geográficos. A urbanização, por exemplo, aumenta a vulnerabilidade aos desastres naturais e atenua os efeitos dos solos pobres e a vulnerabilidade às doenças transmitidas por vetores.

Esses canais de influência podem ser modificados mediante diversas políticas que serão examinadas no Capítulo 3. A produtividade da terra e as condições de saúde podem ser alteradas por meio de avanços tecnológicos e do fornecimento de determinados serviços básicos. O potencial de destruição dos desastres naturais pode ser compensado implantando-se padrões adequados de construção e situando as casas em áreas mais seguras. O acesso aos mercados pode ser melhorado com investimentos em infra-estrutura. As áreas urbanizadas podem funcionar com mais eficácia se as cidades contam com serviços de infra-estrutura, sistemas de incentivo e administração pública adequados. Essas e outras políticas podem ser identificadas e elaboradas para transformar a geografia em uma vantagem; porém, somente se, como primeiro passo, há a compreensão dos diferentes canais por meio dos quais a geografia física e humana influencia a potencialidade do desenvolvimento econômico e social.

As distintas regiões geográficas da América Latina

A América Latina localiza-se em grande medida nas zonas tropicais, mas suas características geográficas abrangem uma variedade de climas e ecozonas, nem todos característicos das regiões tropicais. Um dos primeiros sistemas de classificação climática foi o de Wladimir Köppen, que, embora tenha sido desenvolvido há um século, continua o mais útil, sendo amplamente adotado hoje. As ecozonas de Köppen, apresentadas no Mapa 1.1 (p.33), baseiam-se em dados de temperatura e de precipitação, bem como na altitude (de acordo com a modificação de Geiger; ver Strahler e Strahler, 1992, p.155-60). As principais ecozonas da América Latina são tropicais (A), secas (B), temperadas (C) e de altitude elevada (H). As ecozonas permitem-nos identificar as principais diferenças geográficas da região: temperada *versus* tropical, montanhas *versus* planícies tropicais e seco *versus* parte temperada dos trópicos.

Além do clima, diversos outros fatores geográficos tiveram forte impacto sobre a atividade econômica e a distribuição da população na região. As áreas litorâneas são diferentes do interior; o norte do México é único, porque faz fronteira com o imenso mercado norte-americano; e o acesso marítimo direto à Europa diferenciou historicamente o Caribe e a costa atlântica da costa do Pacífico. A sobreposição das ecozonas de Köppen com esses modelos simples de localização configura a base das sete zonas geográficas da região: fronteira, montanhas tropicais, planície da costa do Pacífico, planície da costa do Atlântico, Amazônia, Cone Sul montanhoso e seco e Cone Sul temperado (ver Mapa 1.2, p.33).

Zonas geográficas diferentes, resultados econômicos diferentes

A zona de fronteira compreende o clima árido ou temperado do norte do México. Essa zona é fracamente povoada, apresenta uma média mais alta de Produto Interno Bruto (PIB) *per capita* que o restante do México e da América Latina e, em razão da proximidade do mercado norte-americano (ver Mapas 1.3 e 1.4, p.35-6, respectivamente), concentra a maioria das montadoras manufatureiras do México, as *maquiladoras*.

As montanhas tropicais abrangem as regiões montanhosas da América Central e os países andinos ao norte do Trópico de Capricórnio. Apesar do difícil acesso ao litoral, essa zona é densamente povoada, abrigando a maioria da população indígena da América Latina. Além de tudo, tem o menor PIB *per capita* do continente, apesar de incluir a Cidade do México e Bogotá, as quais, comparadas ao restante da América Latina, apresentam altos níveis de renda. Os problemas dessa zona acentuam o que ocorre quando as populações permanecem em áreas que apresentam desvantagens geográficas. A pobreza subsiste quando as pessoas não conseguem superar as barreiras geográficas com que se defrontam e quando não se mudam para regiões geográficas mais favorecidas.

As zonas de planície da costa do Pacífico e do Atlântico são tropicais, com algumas pequenas áreas de ecozona seca. A costa do Pacífico apresenta a mais alta densidade populacional das sete zonas geográficas (com a notável exceção da escassamente povoada região de Darien, ao longo da fronteira entre Colômbia e Panamá). A costa Atlântica também apresenta alta densidade populacional, embora inferior à do Pacífico. As duas zonas costeiras têm um PIB *per capita* cerca de 20% superior ao da zona montanhosa limítrofe a elas, com concentração populacional igualmente alta. As zonas costeiras têm melhor acesso ao mar e ao comércio internacional, mas têm de enfrentar o ônus da doença e dos desafios agrícolas de um ambiente tropical.

Apesar da migração e das conseqüências ambientais associadas que ocorreram nas últimas décadas, a região amazônica ainda é extremamente desabitada em comparação com outras zonas geográficas. Algo que talvez surpreenda: o PIB *per capita* na Amazônia é superior ao da zona costeira vizinha e ao da zona de montanha. Isso se deve, sobretudo, ao arrendamento de recursos. Grande parte do PIB da região resulta do arrendamento de recursos naturais – mineração e imensas plantações –, que em geral pertencem a investidores que não residem na floresta. Dessa forma, o PIB *per capita* é provavelmente muito maior do que a renda média *per capita* das famílias.

Ambas as zonas do Cone Sul são áreas de renda alta. O Cone Sul temperado apresenta alta densidade populacional, enquanto a densidade populacional do Cone Sul montanhoso e seco é pouco superior à da Amazônia. A média do PIB *per capita* e a densidade populacional do Cone Sul temperado são um pouco inferiores ao que poderiam ser, não fosse a inclusão das ecozonas temperadas do Paraguai e da Bolívia, países que não têm acesso ao mar e são mais pobres.

Observando os níveis médios de renda e as densidades populacionais das zonas geográficas na Tabela 1.1, as quatro zonas tropicais têm o mais baixo PIB *per capita*, girando em torno de 5 mil dólares (dólares de 1995), com exceção das regiões montanhosas, com 4.343 dólares. As três regiões temperadas do Cone Sul e do norte do México têm renda muito mais alta; sua média fica entre 7.500 e 10 mil dólares. As densidades populacionais seguem um padrão bastante diferente, muito baixas no Cone Sul árido e nas zonas mexicanas de fronteira, intermediárias no Cone Sul temperado e mais alta nas zonas tropical costeira e montanhosa.

Tabela 1.1 Características das zonas geográficas da América Latina

Zona geográfica	*PIB* per capita *(U$1995)*	*Densidade populacional (pessoas/ km²)*	*Densidade do PIB (U$1.000/ km²)*	*Área (milhões de km²)*	*População num raio de 100 km da costa (%)*
Montanhas tropicais	4.343	52	226	1.9	11
Planície costeira do Pacífico	4.950	61	302	0.8	95
Planície costeira do Atlântico	5.216	46	240	2.2	83
Amazônia	5.246	6	31	9	1
Cone Sul temperado	7.552	35	264	3.2	31
Fronteira México-Estados Unidos	7.861	17	134	1.1	30
Cone Sul montanhoso e seco	9.172	7	68	2.2	16

Fonte: Cálculos do autor a partir de dados dos Mapas 1.2, 1.3 e 1.4 (p.34-6).

A conseqüência da densidade do PIB *per capita* e da população é a densidade da produção econômica por área de terra. As zonas que registram produção econômica mais elevada são as três zonas tropicais densamente povoadas e o Cone Sul temperado. A região de fronteira do México é intermediária, e o Cone Sul árido e a Amazônia apresentam índices muito baixos. Embora as densidades do PIB sejam semelhantes em todos esses grupos de zonas tropicais e temperadas, as regiões temperadas conseguem um PIB *per capita* mais elevado com densidade populacional mais baixa, ao passo que as regiões tropicais se debatem com a combinação oposta.

A diversidade de condições geográficas da América Latina também se revela em alguns de seus países. Embora BAHAMAS, EL SALVADOR, Trinidad e Tobago e Uruguai sejam homogêneos – isto é, a maior parte de seu território pertence a uma única ecozona principal –, países como Bolívia, Brasil, Colômbia, Equador e Peru apresentam extraordinária diversidade geográfica. Poucos países no mundo oferecem tantas zonas climáticas e paisagens diferenciadas. O Peru, por exemplo, contém 84 das 104 regiões ecológicas do mundo (de acordo com uma classificação) e 28 climas diferentes (ver Capítulo 2). A diversidade geográfica de alguns países da América Latina conduziu a uma forte fragmentação geográfica que se refletiu nos padrões de fixação da população, às vezes com conseqüências políticas terríveis (ver BID 2000, Capítulo 4). O índice de fragmentação geográfica da população examinado no Quadro 1.1 revela que os países latino-americanos têm a maior fragmentação geográfica do mundo.

Quadro 1.1 Índice de fragmentação geográfica da população

Em ciência política, geralmente se mede a fragmentação de uma população como a probabilidade de que dois indivíduos escolhidos ao acaso na população não pertençam ao mesmo grupo. Tomamos emprestada essa abordagem para definir a fragmentação geográfica como a probabilidade de que dois indivíduos escolhidos ao acaso não vivam em ecozonas semelhantes. Essa medida vai de zero (que corresponde ao caso em que toda a população está estabelecida na mesma ecozona) a um (que corresponde à hipótese improvável que cada indivíduo vive em uma ecozona diferente). Em geral, a fragmentação aumenta à medida que cresce o número de ecozonas e o peso de cada grupo se equipara.

A fragmentação geográfica é um conceito a que os economistas, e mesmo os cientistas políticos, em geral não dão importância. Isso é surpreendente, porque muitas clivagens sociais e econômicas têm bases geográficas. Normalmente, há uma diferença cultural muito grande entre os habitantes das diferentes ecozonas – por exemplo, o contraste entre os expansivos e falantes moradores da planície e os tímidos e calados habitantes das regiões montanhosas tornou-se um dos nossos clichês mais verdadeiros. Igualmente, a composição da economia difere

Continua na página seguinte

Quadro 1.1 (continuação)

bastante entre as ecozonas (p. ex., os cultivos agrícolas, os minérios e a proximidade do oceano geralmente são diferentes de uma zona para outra). Assim, a fragmentação geográfica é uma dimensão do conflito social, podendo, como tal, desempenhar papel fundamental na política, em particular, e na definição de políticas públicas e no desenvolvimento, em geral.

O Diagrama 1.1 compara a América Latina com outras regiões em termos de fragmentação geográfica. A América Latina é mais fragmentada do que qualquer outra região do mundo. As diferenças dentro da América Latina também são significativas. Os países com maior fragmentação geográfica são Equador, Colômbia e Peru; no outro extremo estão Bahamas, El Salvador, Trinidad e Tobago e Uruguai.

Diagrama 1.1 Índice de fragmentação geográfica

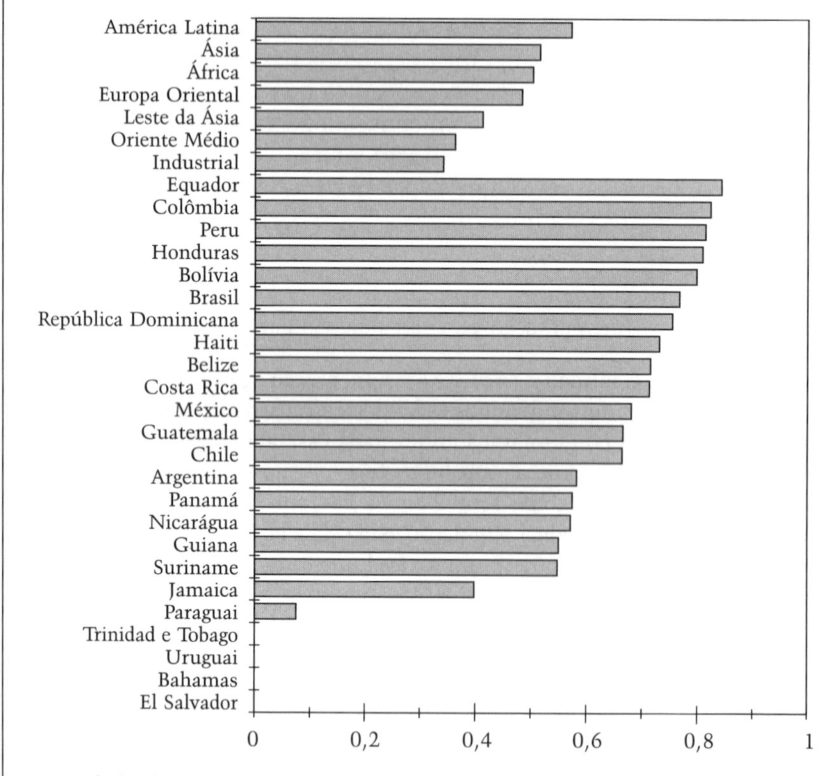

Fonte: Cálculos do autor com base nos dados dos Mapas 1.1 (p.33) e 1.3 (p.35).

Outro tipo de fragmentação – a fragmentação etnolingüística – recebeu muito mais atenção da parte tanto de economistas quanto de cientistas sociais. Ela é igualmente definida como a probabilidade de que duas pessoas escolhidas ao acaso falem línguas diferentes. Enquanto a fragmentação geográfica da América Latina é bastante elevada, o Diagrama 1.2 mostra que, comparado a outras regiões em desenvolvimento, o nível de fragmentação etnolingüística é relativamente baixo. Em muitos países existe uma língua predominante (espanhol ou inglês), falada por todos, com exceção de uma pequena parcela da população. Entretanto, isso não acontece em todos os países. A fragmentação etnolingüística é particularmente significativa no Suriname, seguido pela Bolívia, Guatemala e Peru.

Diagrama 1.2 Índice de fragmentação etnolingüística

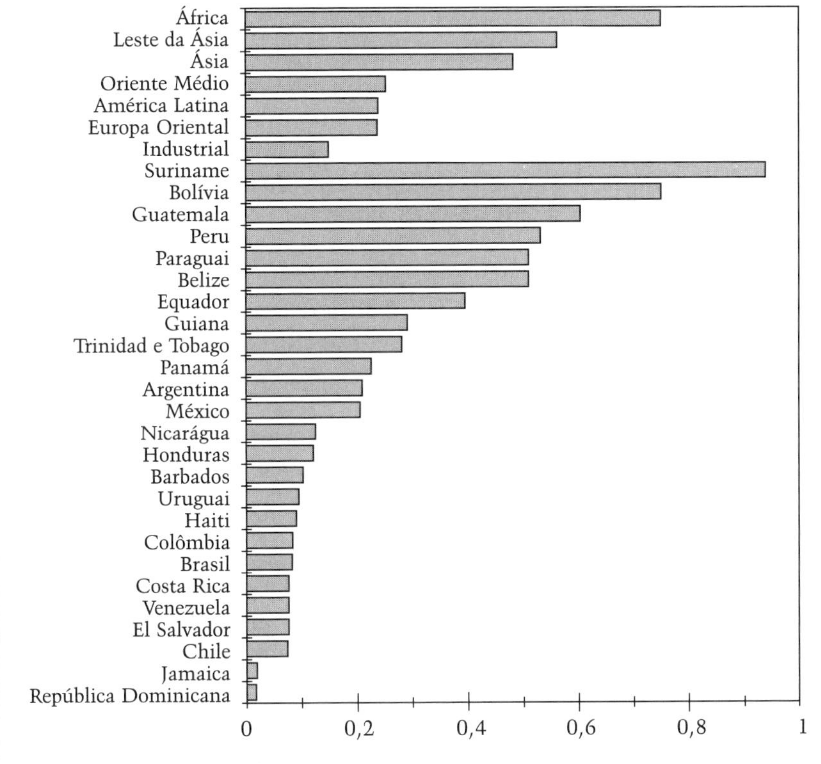

Fonte: LA PORTA et al. (1998).

A conclusão a que se chega é que os principais contornos da divisão social na América Latina são mais geográficos que étnicos. Como conseqüência da divisão geográfica, os diferentes grupos sociais podem enfrentar diferentes situações que afetam suas possibilidades econômicas, e podem ter interesses econômicos e problemas sociais distintos, os quais podem influenciar o jogo político e, em última análise, todos os aspectos do desenvolvimento.

História

A distância e o isolamento geográfico das Américas tiveram papel central no extermínio dos povos indígenas no momento em que entraram em contato com os europeus. No que se refere à linha do tempo histórica, os seres humanos só se estabeleceram nas Américas bem recentemente, provavelmente por volta de 11.000 a.C. (ver Diamond, 1997, p.49).[1] Como o mais provável é que os primeiros colonizadores tenham sido pequenos grupos nômades que cruzaram o gélido estreito de Bering, eles, que vinham do norte da Ásia, não trouxeram consigo muitas doenças do Velho Mundo; em especial, nenhuma doença "de massa", como varíola, sarampo e tifo, e nenhuma doença tropical. Quando Cristóvão Colombo chegou, seguido por outros conquistadores e exploradores, o impacto das doenças do Velho Mundo foi catastrófico para os povos indígenas do Novo Mundo, em alguns casos varrendo do mapa tribos inteiras, antes mesmo de ter disparado um só tiro (numerosos exemplos perturbadores foram documentados por Crosby, 1972; 1986). Podem-se atribuir as vitórias de Cortez sobre os astecas e de Pizarro sobre os incas – improváveis, dada a disparidade de forças em favor dos indígenas – tanto à varíola quanto às armas de fogo e aos cavalos dos espanhóis. Os imperadores dos incas e dos astecas, com grande parte da população, foram dizimados pela varíola antes mesmo de as batalhas decisivas com os espanhóis terem começado. Por volta de 1618, a população original do México de aproximadamente 20 milhões despencara para cerca de 1,6 milhão de pessoas (Diamond, 1997, p.210). Segundo McNeill (1976, p.90),

> as proporções de 20:1 ou mesmo de 25:1 entre as populações pré-colombianas e o ponto mais baixo das curvas populacionais ameríndias parecem mais ou menos corretas, apesar das enormes variações locais.

É bastante plausível que os modelos de colonização pré-colombiana das Américas tenham sido favorecidos pela geografia. Os principais impérios – o asteca e o inca – localizavam-se em regiões tropicais de montanha, provavelmente por causa do clima mais favorável para a agricultura e por um ambiente menos favorável às doenças. Sem utilizar o comércio marítimo ou mesmo o transporte sobre rodas, o acesso ao mar não representava uma vantagem econômica para essas civilizações. A principal exceção às civilizações das montanhas do Novo Mundo eram os maias das planícies tropicais, mas a densa população da península de Yucatán desapareceu misteriosamente antes de entrar em contato com os europeus.[2] A alta concentração atual de povos indígenas do México, da América Central e dos Andes nas regiões montanho-

---

1 Entretanto, a chegada do homem às Américas pode remontar a 25.000 a.C., embora haja muita controvérsia em torno dessa estimativa.

2 Há fortes indícios que apontam a seca prolongada trazida pela oscilação climática do El Niño como a causa da ruína dos maias, em virtude de uma agricultura de alta densidade populacional praticada em solos tropicais frágeis; ver FAGAN, 1999, cap. 8.

sas ocorre por terem sido esses os locais onde os povos indígenas conseguiram sobreviver à introdução das doenças do Velho Mundo. As populações das montanhas estavam protegidas das doenças tropicais da planície, como malária, febre amarela e ancilostomíase, que contribuíram para a extinção de grande parte das populações ameríndias da maioria das ilhas do Caribe.

Geografia e colonização

Embora tenha desempenhado um papel complicado, porém importante, na definição dos atuais padrões de desenvolvimento econômico, a colonização não ajuda muito a explicar as profundas mudanças geográficas da América Latina de hoje. Apesar dos resultados econômicos bastante diferentes, a maioria dos países da região compartilha da mesma herança colonial. Entre os países de herança britânica, francesa ou holandesa, em vez de ibérica, podemos encontrar algumas das nações mais ricas e também outras das mais pobres da região.

Além disso, como mostra Diamond (1997), a geografia desempenhou um papel profundo na definição dos países que seriam colonizadores e dos que seriam colonizados. Em comparação com os outros continentes, a Eurásia foi altamente favorecida em termos de domesticação de culturas e animais, tanto por acaso quanto em razão de sua imensa área de zonas ecológicas contíguas.[3] Na Eurásia, como era comum os povoados terem um contato próximo com os animais domésticos e seus próprios dejetos, surgiram novas doenças, como a varíola, o sarampo, a catapora e uma série de parasitas intestinais. A concentração das populações sedentárias nas cidades, possibilitada pelo avanço da agricultura, forneceu um reservatório constante de novos vetores para sustentar "doenças de massa", como a tuberculose e a gripe. Esse conjunto de doenças infecciosas teve um efeito devastador nas populações desprotegidas, explicando em grande medida a facilidade com que as Américas e a Australásia foram conquistadas. Os avanços tecnológicos que as vantagens agrícolas da Eurásia tornaram possível também explicam a dominação conseqüente dos europeus sobre a África.

Quando os europeus trouxeram os africanos para o Novo Mundo como escravos, eles também importaram um conjunto de doenças africanas desconhecidas dos americanos. A malária, a febre amarela, a ancilostomíase, a esquistossomose e outras doenças afetaram ainda mais as populações indí-

3 A ausência de animais domésticos nas Américas para serem utilizados na agricultura, assim como na guerra, deveu-se provavelmente ao impacto causado pelos primeiros colonizadores humanos das Américas sobre os grandes mamíferos 13 mil anos atrás, semelhante, ironicamente, ao impacto dos colonizadores europeus sobre os descendentes dos primeiros colonizadores americanos. Os mamíferos da América não tinham nenhuma experiência de co-evolução com seres humanos até a aparição súbita dos migrantes da Ásia, não dispondo, dessa forma, de nenhuma cautela nem de defesa natural contra o ataque humano. Nas Américas, assim como na Austrália, os primeiros colonizadores humanos provocaram a extinção da maioria dos grandes mamíferos; ver CROSBY, 1986, p.273-81.

genas, e têm tido, desde essa época, um impacto permanente no quadro de doenças. A maioria delas continua sendo um importante problema econômico e de saúde pública da América tropical.

As doenças trazidas da África também contaminaram os colonizadores europeus nas regiões tropicais do Novo Mundo, especialmente no Caribe. O Haiti serviu de cemitério a dois grandes exércitos coloniais (ver Quadro 1.2). A febre amarela e a malária destruíram incursões sucessivas de ingleses e franceses, cujas baixas no Haiti foram maiores do que as baixas de ambos os lados em Waterloo (Heinl e Heinl, 1978, p.81).

Quadro 1.2 Como o clima do Haiti destruiu dois grandes exércitos

No caos geral provocado pela Revolução Francesa, São Domingos, a mais rica das colônias da França – que se tornaria mais tarde o Haiti –, começou a fugir de seu controle. Com a promulgação dos Direitos do Homem em uma colônia baseada em um cruel sistema escravista, a resistência armada aos plantadores brancos evoluiu dos mestiços favoráveis à escravidão (os negros) a uma revolta geral dos escravos africanos em 1791.

A Inglaterra e a Espanha, que estavam em guerra com a França republicana na década de 1790, concordaram em dividir o prêmio, São Domingos, entre si. A participação da Espanha deu-se mediante o apoio a bandos de escravos rebeldes situados ao norte, mas a Inglaterra invadiu com suas próprias tropas o sul, em 1793. Percebendo que nem a Espanha nem a Inglaterra tolerariam o fim da escravidão, os rebeldes descartaram os espanhóis e voltaram-se contra os ingleses. Embora raras vezes tenham entrado em combate direto com os rebeldes até quase o fim, os ingleses cederam diante da geografia de São Domingos. O comandante inglês garantira a Londres que poderia conquistar o território com 877 soldados, mas os reforços não conseguiram substituir o número cada vez maior de vítimas da febre amarela e da malária. Em um caso típico, o regimento de setecentos hussardos do tenente Thomas Howard perdeu quinhentos homens em um mês, dos quais apenas sete mortos em combate. No final, as doenças e os rebeldes obrigaram os ingleses a bater em retirada, com um saldo de mais de 14 mil mortos. Edmund Burke resumiu a catástrofe: "A espada do adversário é misericordiosa, o inimigo terrível é o próprio país".

Após ter consolidado seu poder na França em 1799, Napoleão voltou-se para a reconquista da cobiçada colônia de São Domingos, com a intenção de usá-la como trampolim para reafirmar o controle francês sobre o território da Louisiana. Sua desgraça foi semelhante à dos ingleses. As tropas francesas não conseguiram sobreviver no ambiente mórbido do Haiti. Leclerc, cunhado de Napoleão, ocupou rapidamente quase toda a colônia com 20 mil soldados em 1802. Então a febre amarela e a malária atacaram. A mortalidade causada pela febre amarela passava de 80% e, para encobrir as perdas, os mortos eram transportados para longe à noite e os funerais militares foram suspensos. Todos os seus comandantes de unidade, exceto dois, morreram, e o próprio Leclerc viria a sucumbir à febre amarela antes do final do ano.

Continua na página seguinte

Quadro 1.2 (continuação)

Os franceses continuaram enfrentando dificuldades e enviando reforços maciços até 1803, quando então retiraram os remanescentes do exército. Somente 10 mil conseguiram retornar à França; mais de 55 mil morreram na colônia. Nascia a segunda república independente do hemisfério, o Haiti. Em 1815, ela serviria de refúgio e amparo a Simón Bolívar em seus momentos mais difíceis. Napoleão foi obrigado a desistir de seus projetos para o território da Louisiana, que vendeu para os Estados Unidos. A tenacidade dos rebeldes haitianos foi essencial para a única revolta de escravos bem-sucedida da história, mas a vitória contou com o peso esmagador das doenças tropicais do Haiti.

Fonte: HEINL e HEINL (1978).

A escravidão não significou apenas um novo conjunto de doenças, mas profundas transformações na composição das populações, na capacidade de explorar determinadas terras e nos padrões de desenvolvimento institucional dos países que absorveram grande quantidade de escravos. A escravidão não foi um fenômeno uniforme, e sim um fenômeno claramente influenciado por uma combinação de fatores geográficos, tecnológicos e institucionais (ver Quadro 1.3).

Quadro 1.3 Por que a escravidão só se desenvolveu em determinadas regiões

A relação entre geografia e escravidão tem sido objeto de amplo debate, instigado pela cultura racista que se expandiu partindo dos colonos de origem européia para justificar a exploração dos negros. A questão é explicar por que a escravidão concentrou-se nas regiões tropicais, uma vez que a grande maioria dos escravos seguiu para as ilhas do Caribe ou para o Brasil, e, nos Estados Unidos, se concentrou no sul subtropical. A justificativa, profundamente enraizada, que a cultura racista apresenta é que os negros tinham mais condições de suportar o insalubre meio ambiente tropical que os brancos.

Alguns dos estudos mais recentes, precedidos pelas descobertas inovadoras de Thompson (1941), Williams (1964) e outros autores, baseiam suas afirmações nas condições de produção nas plantações e na ausência de outras formas de trabalho braçal. Acompanhando esse ponto de vista, Engerman e Sokoloff (1997) demonstraram que a escravidão predominou nos trópicos não em razão do ambiente mórbido adverso, mas porque a instituição da escravidão era mais produtiva economicamente nas plantações tropicais (embora representasse uma tragédia para aqueles que, de fato, realizavam o trabalho), enquanto o trabalho livre era mais produtivo nas regiões temperadas do Novo Mundo. O clima tropical era adequado para determinadas culturas (cana-de-açúcar, tabaco, cacau, café, algodão e arroz) que tendiam para uma produção em plantações de grande escala, ao passo que as zonas temperadas tendiam para uma agricultura baseada em cereais, com produção eficiente em pequenas propriedades. Além disso, os produtos das plantações tropicais podiam ser cultivados por grupos de trabalhadores forçados a trabalhar com rapidez,

Continua na página seguinte

Quadro 1.3 (continuação)

sem grandes riscos de prejuízo para os produtos. Por isso, Engerman e Sokollof argumentam que as economias latino-americanas e caribenhas baseadas no trabalho escravo resultaram em elevados níveis de desigualdade, com conseqüências de longo alcance para as instituições e para o desenvolvimento econômico desses países. As colônias espanholas contavam com um número relativamente pequeno de escravos, mas os ameríndios, com o *status* de escravos ou de semi-servos, representavam grande porcentual da população de todas essas colônias até o final do século XIX. Essa disparidade resultou em elevada desigualdade e instituições econômicas restritivas semelhantes às dos países onde havia escravidão. De acordo com Engerman e Sokoloff, o ambiente institucional (que se deve ao impacto histórico, embora não permanente, da geografia) é que explica a diferença entre o desempenho econômico da América Latina e o dos Estados Unidos e do Canadá.

Alguns autores, entretanto, acreditam que as condições de saúde nas regiões tropicais poderiam ter representado um fator na predominância da escravidão negra em relação a outras raças. Coelho e McGuire (1997) afirmaram que, como resultado da exposição de numerosas gerações às doenças tropicais, os africanos tinham uma capacidade genética mais desenvolvida como também haviam-se tornado imunes a elas, especialmente a malária, a febre amarela e a ancilostomíase. A maioria dos grupos étnicos africanos subsaarianos apresenta duas características sanguíneas: o fator Duffy e o traço característico da anemia falciforme. O fator Duffy confere imunidade à forma branda de malária vivax, ao passo que o traço característico da anemia falciforme oferece uma proteção parcial contra a malária falciparum, mais mortal. A maioria dos africanos era imune à febre amarela por tê-la contraído na infância (quando a doença é mais branda), e, por motivos ainda não muito claros, mesmo em africanos não-imunizados a doença provoca menos mortes. De modo semelhante, os africanos da África Ocidental, dos quais descendia a maioria dos escravos do Novo Mundo, apresentam uma resistência clara, embora pouco compreendida, à ancilostomíase.

Seja como for, a explicação fundamental para a concentração espacial da escravidão negra é a falta de outros tipos de mão-de-obra braçal nas unidades de produção em larga escala. Permitia-se que os europeus que se envolviam com o trabalho nas plantações ou eram forçados a isso tivessem a oportunidade de adquirir lotes de terra e recorrer a instituições cuja proteção não se estendia aos negros. Os índios americanos nativos constituíam um estoque limitado de mão-de-obra braçal que, em muitas áreas, era dizimado pelas doenças. A maior resistência dos negros a determinadas doenças tropicais possivelmente facilitou o processo, embora não o explique nem o justifique.

Em muitas regiões da América Latina, os atuais padrões de localização tanto de populações negras quanto indígenas ainda refletem elementos do passado. Circunstâncias climáticas adversas freqüentemente são reforçadas pelo isolamento físico e pelo acesso inadequado aos mercados e à infra-estrutura, bem como por diversos mecanismos institucionais e culturais que dificultam a eliminação do peso da história. A América Latina ainda não dá a devida atenção a esses problemas. Embora este livro não trate dessas questões em detalhes, ele é movido pela convicção de que, se desconsiderarmos o impacto da geografia no desenvolvimento, correremos o risco de desconsiderar as minorias étnicas.

Trópicos inóspitos, porém não indomáveis

As dificuldades de trabalhar em um ambiente tropical mostraram-se extremamente claras durante a construção do Canal do Panamá. O efeito da umidade tropical sobre tudo, das ferramentas às roupas, era devastador:

> Qualquer coisa feita de ferro ou de aço adquiria uma cor alaranjada brilhante por causa da ferrugem. Livros, sapatos, cintos, mochilas, caixas de instrumentos e bainhas de faca mofavam da noite para o dia. Os móveis colados se desfaziam. As roupas quase nunca secavam. (McCullough, 1977, p.135)

Mapa 1.1 Ecozonas de Köppen-Geiger

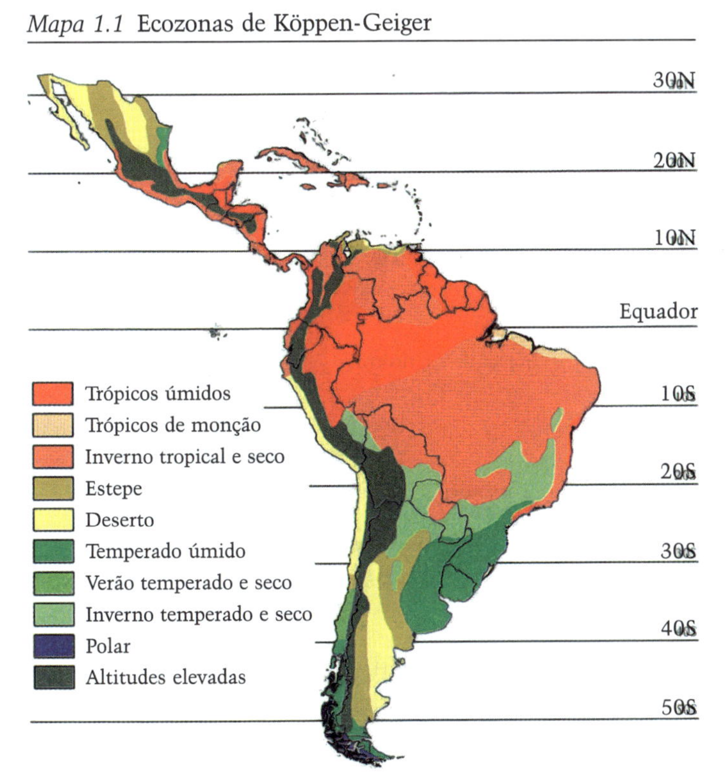

Fonte: Extraído de STRAHLER e STRAHLER (1992).

Mapa 1.2 Zonas geográficas

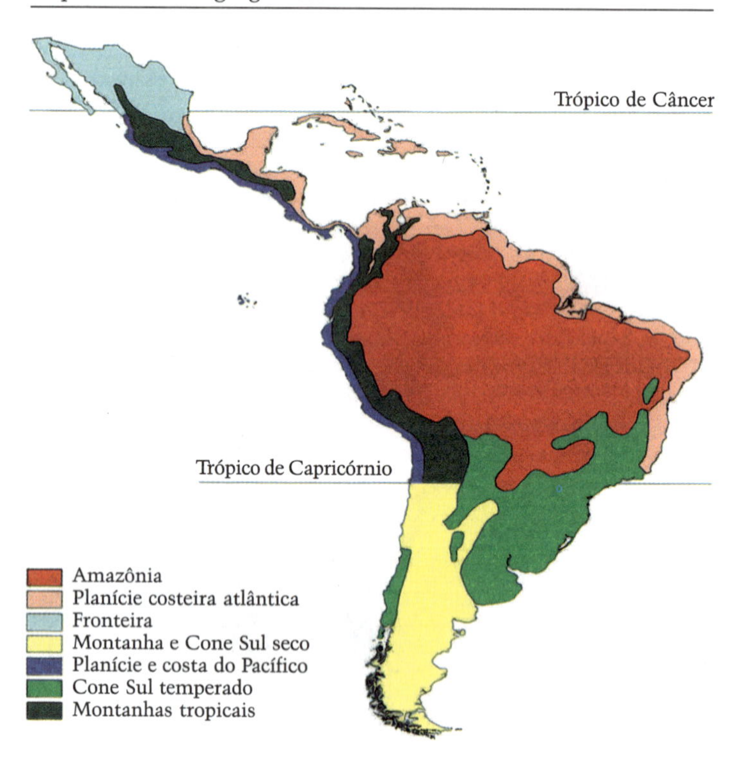

Fonte: Extraído de STRAHLER e STRAHLER (1992).

Mapa 1.3 Densidade populacional

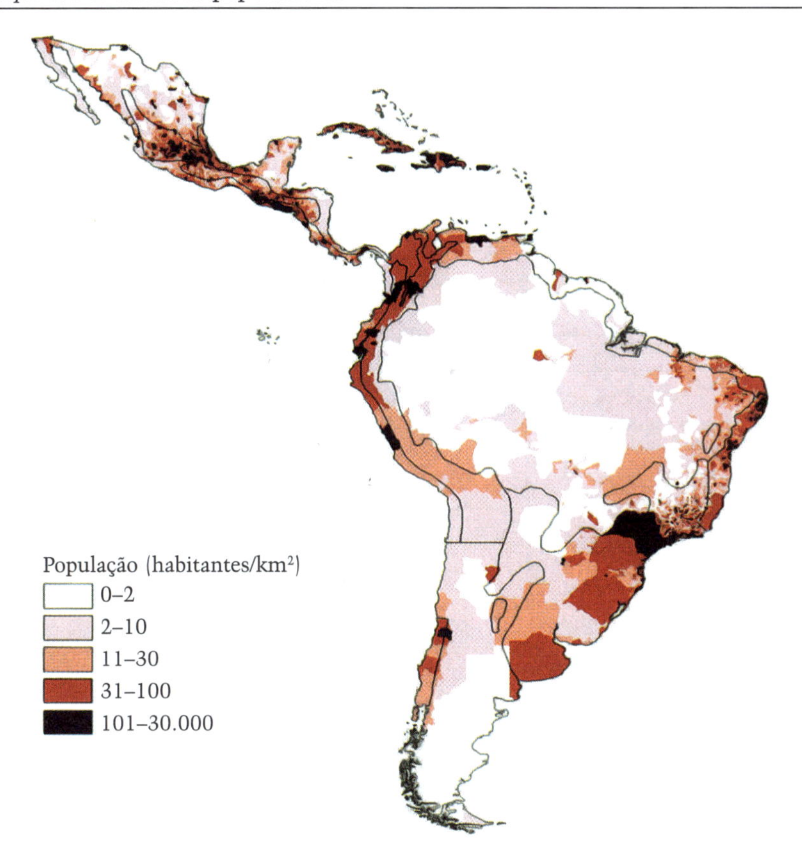

Fonte: Cálculos baseados em TOBLER et al. (1995).

Mapa 1.4 PIB regional *per capita*

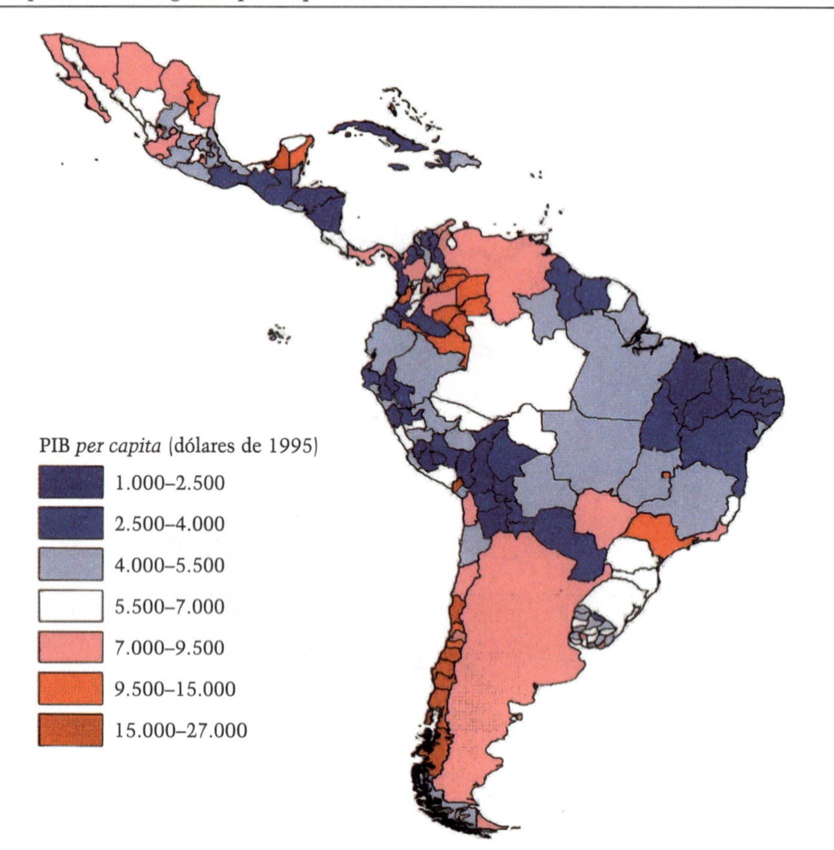

Fonte: AZZONI et al. (2000); ESCOBAL e TORERO (2000); ESQUIVEL (1999); MORALES et al. (2000); SÁNCHEZ e NÚÑEZ (2000); SUMMERS e HESTON (1994); URQUIOLA (1999).

Mapa 1.5 Distribuição *per capita* da renda

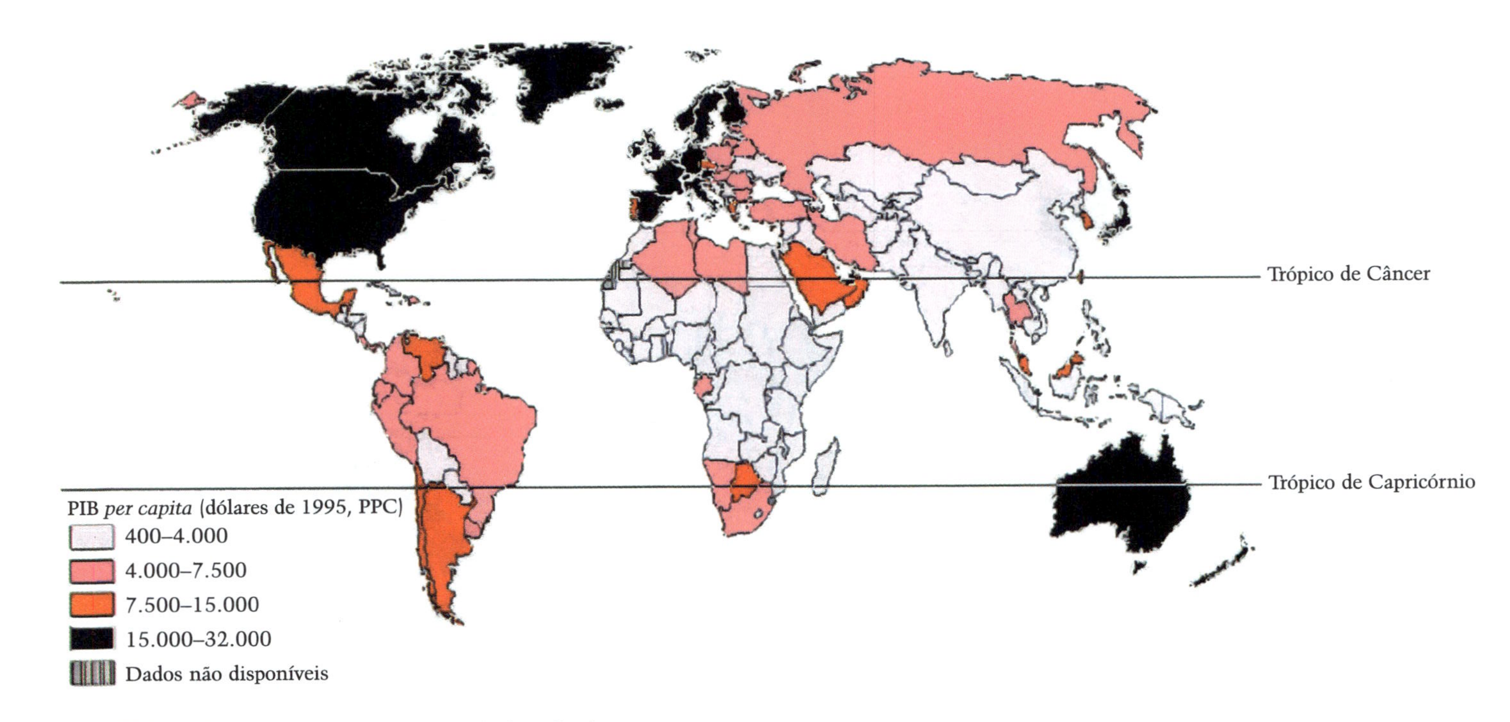

Obs.: PPC = valores considerando-se a paridade do poder de compra.
Fonte: GALLUP; SACHS; MELLINGER (1999).

Mapa 1.6 Produção agrícola por trabalhador rural, 1994

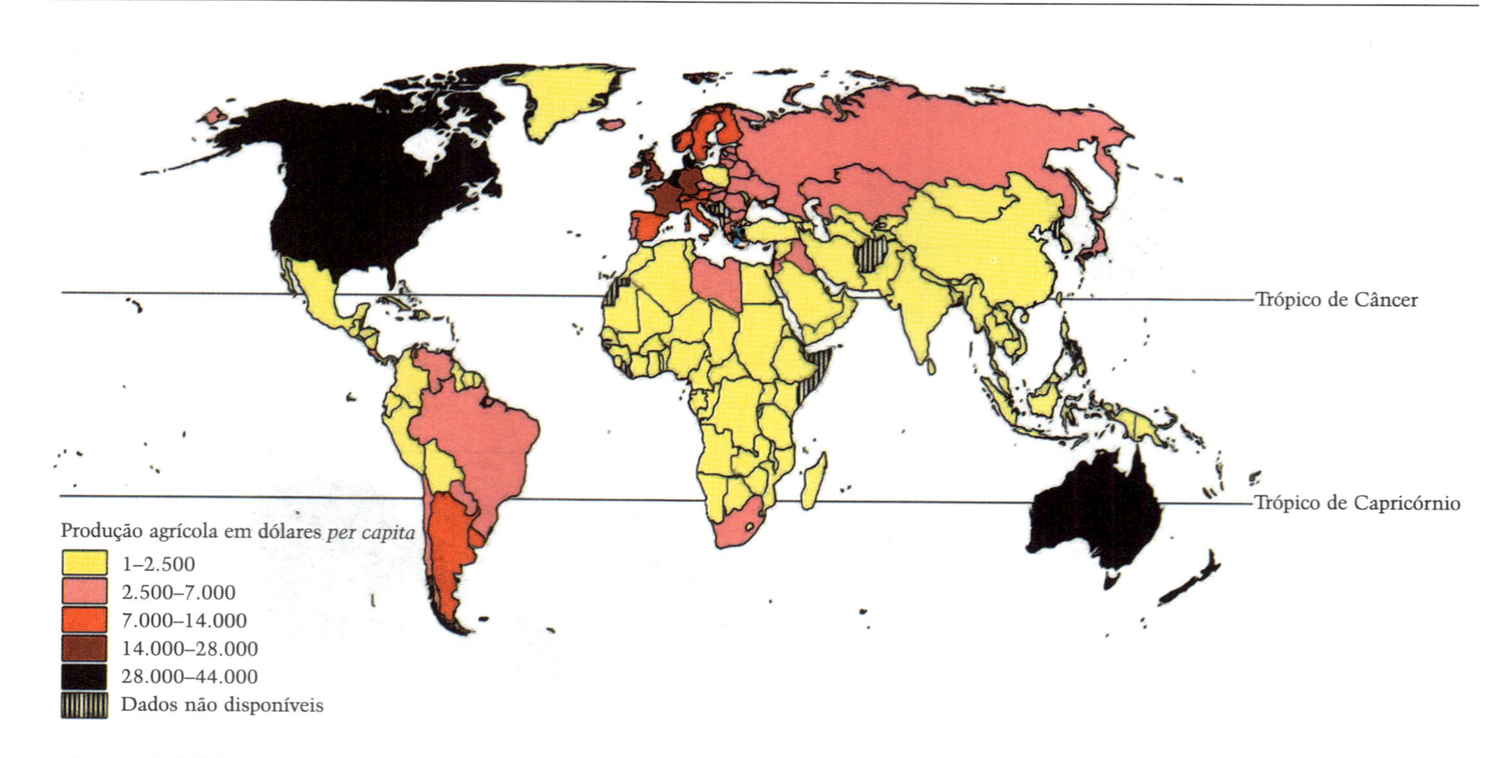

Fonte: FAO (1999).

Mapa 1.7 Incidência de malária na América Latina, 1946-94

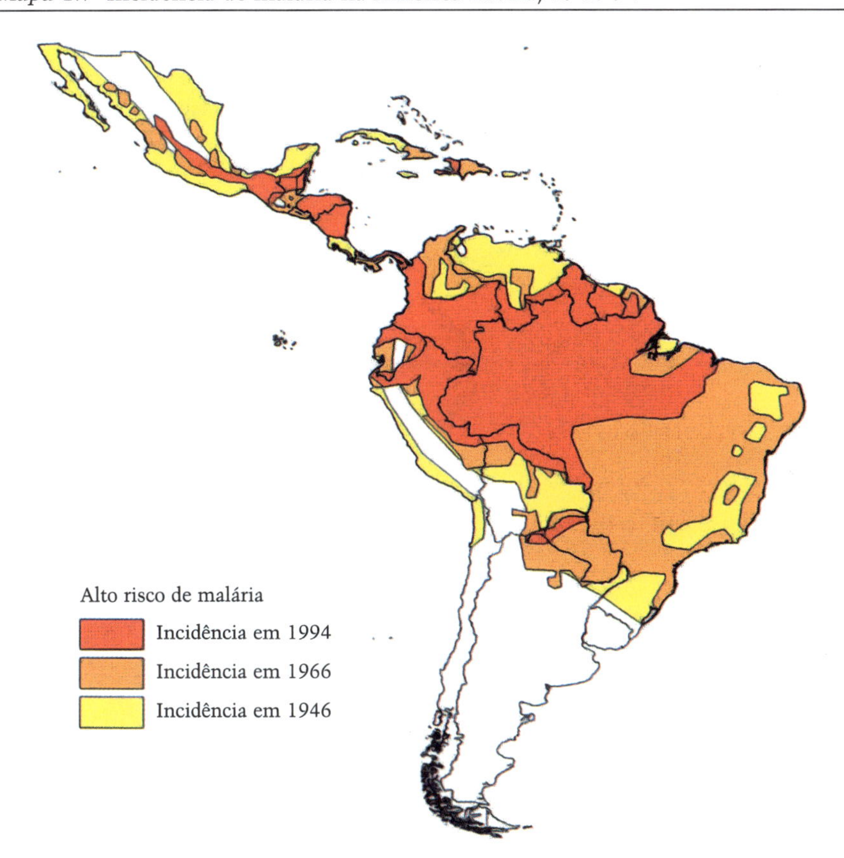

Fonte: PAMPANA e RUSSELL (1955); OMS (1967; 1997).

Mapa 1.8 Zonas de processamento de exportação na América Latina, 1997

Fonte: WEPZA (1997).

Acima de tudo, o abandono do projeto pelos franceses (1881-89) e os fracassos iniciais dos norte-americanos (1904-05) demonstraram que o controle intensivo das doenças, em especial da malária e da febre amarela, era um requisito indispensável para que ele fosse concluído.

Embora tivessem feito importantes investimentos em assistência médica, na década de 1880 os franceses ainda desconheciam como se dava a transmissão das duas principais doenças disseminadas por mosquitos. Além da alarmante taxa de mortalidade dos trabalhadores e da fraqueza recorrente dos que sobreviviam, muitos dos mais dinâmicos líderes e engenheiros do projeto pereceram vítima das doenças tropicais. Além dos objetivos técnicos irreais e das dificuldades de organização, as perdas causadas pela doença superavam aquilo que o projeto podia suportar. Pelo menos 20 mil vidas foram perdidas em razão da doença durante os nove anos em que os franceses estiveram à frente do projeto (McCullough, 1977, p.235).

Principal incentivador por trás da tentativa norte-americana de construir o Canal, o presidente dos Estados Unidos Theodore Roosevelt imediatamente reconheceu a importância de controlar a doença, com base em sua própria experiência nos trópicos: "Acredito que os problemas sanitários e de higiene ... no istmo são os que, literalmente, têm capital importância, vindo antes mesmo da engenharia" (McCullough, 1977, p.406). Quando os norte-americanos retomaram a construção do Canal em 1904, um elemento decisivo de seu sucesso foi o dr. William Gorgas. Em 1901, ele havia demonstrado em Havana o que poucos acreditavam ser possível: a febre amarela endêmica podia ser eliminada por um controle intensivo do mosquito. Após ter recebido recursos materiais e apoio em 1905, Gorgas repetiu o feito no Panamá. Em um dos mais intensivos esforços de controle vetorial já realizados até aquele momento, ou daí em diante, Gorgas eliminou de maneira significativa a ameaça tanto da febre amarela quanto da malária, acabando com as poças de água parada de que os mosquitos precisavam para se reproduzir. Empregou-se um exército de inspetores sanitários para ir de casa em casa. O fornecimento de água tratada e outras medidas de saúde pública também reduziram a incidência de outras doenças. Contrariamente ao que se acreditava, no Panamá a malária representava uma ameaça à saúde maior do que a febre amarela, como Gorgas reconheceu, com uma taxa de mortalidade mais elevada tanto durante a implantação do projeto francês quanto durante a implantação do projeto norte-americano para o Canal (McCullough, 1977, p.139).

A febre amarela deixou de ser um problema importante de saúde pública por causa do bem-sucedido esforço de controle mundial implementado na década de 1930 e do desenvolvimento de uma vacina eficaz. O caso da malária é completamente diferente. O esforço mundial de erradicação, que começou na década de 1920 e se intensificou nas décadas de 1950 e 1960, foi um grande fracasso nos trópicos, e nenhuma estratégia de vacinação mostrou-se viável até o momento. Atualmente, diante das variedades resistentes da doença, todas as drogas de baixo custo para tratamento e prevenção da malária estão perdendo a eficácia.

Geografia e desenvolvimento

A prova cabal do efeito marcante e difuso da geografia sobre o desenvolvimento é o fato de que a maioria dos países pobres do mundo está localizada nos trópicos, enquanto os níveis mais elevados de desenvolvimento encontram-se nas áreas não-tropicais (ver Mapa 1.5, p.37).

Se a geografia não fosse importante, a expectativa seria encontrar condições econômicas similares por todo o mundo, sujeitas a alguma variação aleatória. Na verdade, raramente deparamos com países pobres no meio de uma região rica, embora possamos encontrar uns poucos países ricos nas áreas tropicais.

Na América Latina há mais países de renda média nos trópicos do que em outras regiões com áreas tropicais, indicando estar menos sujeita à regra geral de que os trópicos são mais pobres. No entanto, os gradientes geográficos na América Latina são claros e dramáticos. O Diagrama 1.3 mostra que os níveis de PIB *per capita* em 1995 na região apresentam aproximadamente uma forma de U em termos de latitude, com níveis muito mais elevados no sul temperado e um nível mínimo logo abaixo do Equador, na faixa entre 20° de latitude Sul e 0° de latitude. O trópico geográfico é definido como a região localizada entre 23,45° Sul a 23,45° Norte, na qual o sol incide em linha reta em algum período do ano. A América Latina tropical apresenta níveis de renda muito mais baixos que a América do Sul temperada ou que o México temperado, embora possamos encontrar algumas áreas altamente desenvolvidas no Caribe. O PIB *per capita* médio de 4.580 dólares encontrado na faixa de

Diagrama 1.3 PIB médio *per capita* por faixa de latitude na América Latina

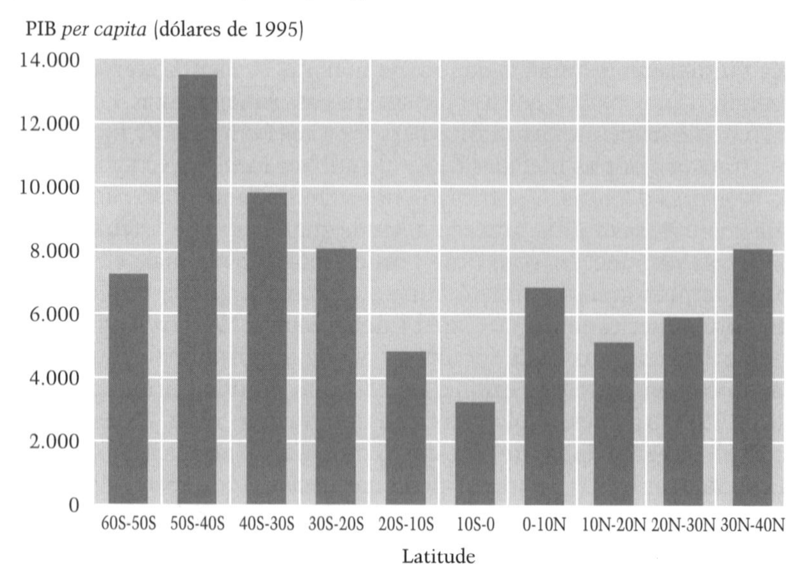

Obs.: PIB = Produto Interno Bruto, S = Sul e N = Norte
Fontes: BANCO MUNDIAL (1998) e ESRI (1996).

Diagrama 1.4 Renda por latitude em 1900 (em dólares correntes)

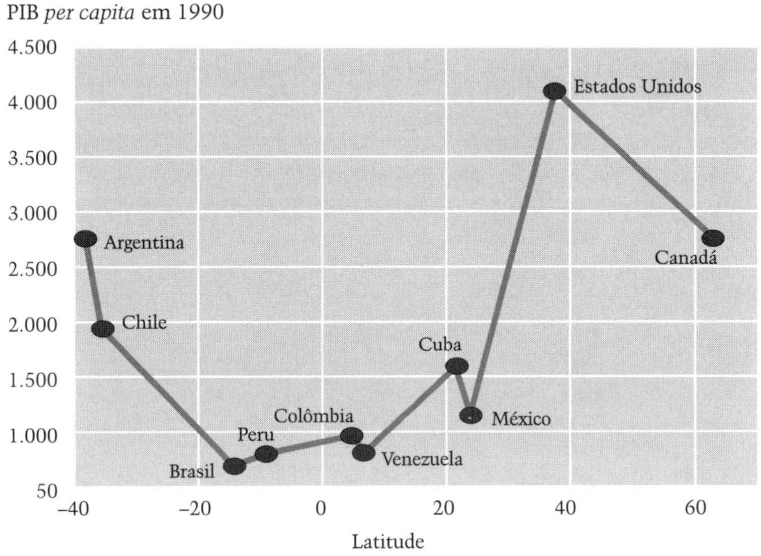

Fonte: Os dados do PIB *per capita* de 1900 foram extraídos de MADDISON (1995, tabela C-16d), com exceção de Cuba em 1913, cujos dados foram extraídos de COATSWORTH (1998, tabela 1.1).

20° de latitude Sul até 0° de latitude está logo abaixo da metade do nível encontrado nos pontos máximos das regiões temperadas.

O problema da pobreza nos trópicos não é nenhuma novidade. Até onde os dados estão disponíveis, o gradiente em forma de U apresentado no Diagrama 1.3 continua existindo. O Diagrama 1.4 mostra que, em 1900, o PIB *per capita* de Brasil, Peru, Colômbia e Venezuela – países tropicais – era menos da metade do PIB *per capita* do Chile e da Argentina – países temperados – , e menor do que o do México e de Cuba, na orla tropical. Os países da América Latina tropical apresentavam uma renda três vezes menor que a dos Estados Unidos e do Canadá, de clima temperado.

Embora sejam mais frágeis e esparsos, os dados relativos a 1800 mostram o mesmo padrão por latitude (ver Diagrama 1.5). Com a clara exceção de Cuba e, aparentemente, do Haiti, cuja riqueza se baseava na produtividade desumana (e, por fim, insustentável) da economia escravista, a região dos trópicos era mais pobre que os países temperados.[4]

Uma vez que os países da América Latina partilham da mesma história colonial e cultural, os padrões atuais e passados de renda por latitude na re-

4 Embora não incluído no Diagrama 1.5, existem evidências históricas de que o Haiti era a colônia mais rica da França e, muito provavelmente, tinha níveis de renda semelhantes aos de Cuba, até que a rebelião de escravos destruiu as plantações; ver HEINL; HEINL (1978, p.2).

Diagrama 1.5 Renda por latitude em 1800 (em dólares correntes)

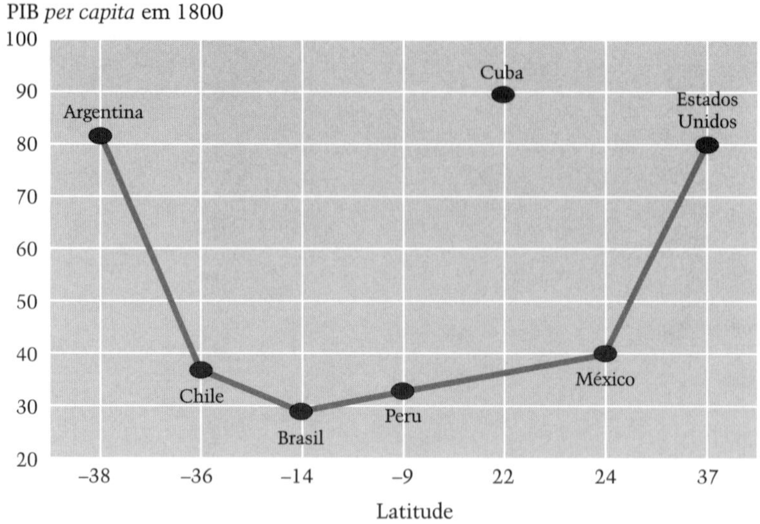

PIB *per capita* em 1800

Latitude

Fonte: COATSWORTH (1998).

gião chamam a atenção. Embora seja mais provável que as diferenças de desenvolvimento econômico entre os continentes se devam mais a experiências históricas diferentes do que à geografia, essa posição é menos plausível nos continentes. O padrão de desenvolvimento interno da América Latina é compatível com o padrão de desenvolvimento interno da África e da Eurásia. Os extremos norte e sul não-tropicais da África são as regiões mais ricas do continente. No leste da Ásia, as regiões tropical e subtropical são mais pobres, em geral, do que o norte temperado.

A densidade populacional é um indicador razoável do quanto a terra é favorável a uma sociedade agrária, mas não há nenhum indício de que a superpopulação seja um dos fatores que expliquem a pobreza maior dos trópicos. Na verdade, as áreas tropicais têm um número menor de pessoas na terra, bem como níveis inferiores de renda *per capita*.

A atual distribuição populacional na América Latina segue amplamente os padrões originais da colonização européia (incluindo os escravos que foram trazidos), acrescida das populações indígenas de montanha que sobreviveram aos intercâmbios da época de Colombo. Assim como acontece em outras regiões do mundo, a população apresenta um padrão bimodal com relação à latitude (ver Diagrama 1.6), com picos nas latitudes médias temperadas e densidades mais baixas no extremo sul e nos trópicos. As elevadas densidades populacionais da faixa tropical entre 10° e 20° de latitude Norte, no centro do México e na América Central, representam certa exceção, coerente, porém, com a relação entre clima e população, uma vez que a maioria de seus habitantes mora nas montanhas, que têm clima temperado.

Diagrama 1.6 Densidade populacional por faixa de latitude

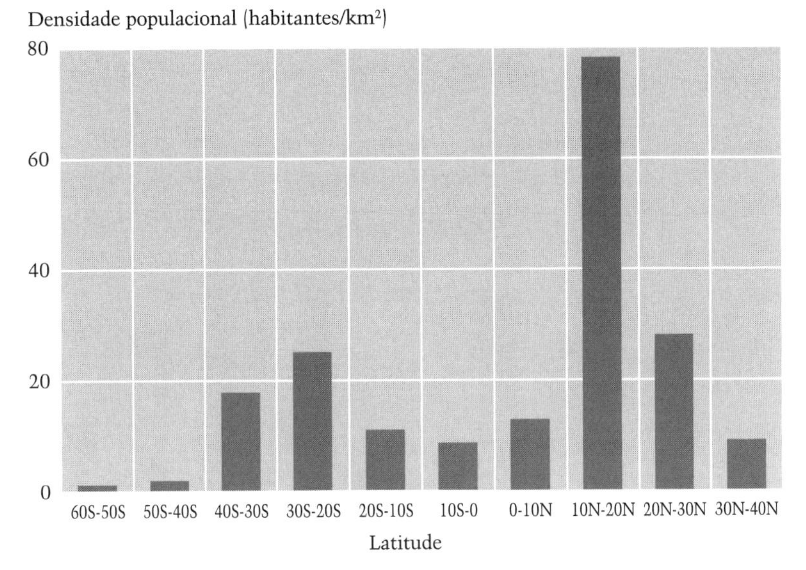

Fontes: BANCO MUNDIAL (1997) e ESRI (1996).

A baixa densidade populacional dos trópicos na América Latina significa que a produtividade econômica das terras tropicais é distribuída de maneira ainda mais desigual do que a renda da região. O Diagrama 1.7 mostra que a produção econômica da área de terra na faixa tropical entre 10° de latitude Sul e 0° de latitude é de 39 mil dólares por quilômetro quadrado (ou cerca de 97.500 dólares por milha quadrada), menos do que um quarto da produção entre 20° e 30° de latitude Norte e Sul.

Agricultura tropical

Como os fatores históricos e populacionais não conseguem explicar a variação geográfica, o indício da desvantagem econômica das áreas tropicais aponta para problemas relacionados à produtividade agrícola. Os produtos agrícolas são particularmente sensíveis ao clima, aos recursos do solo e à tecnologia.

O clima e as condições do solo são diferentes nas zonas ecológicas temperada e tropical. Além disso, as enormes diferenças entre os grupos de plantas e animais nativos dos trópicos e das zonas temperadas sugerem que a produtividade do pequeno conjunto de plantas utilizadas como matéria-prima agrícola seria sistematicamente diferente entre as duas regiões. Embora em tese seja possível adaptar as matérias-primas alimentícias para que tenham a mesma produtividade nas zonas temperadas e tropicais, na prática isso não ocorreu. Mesmo levando-se em conta as diferenças de insumo utilizado na agricultura, o rendimento das principais culturas nos trópicos é absolutamente inferior ao rendimento nas zonas temperadas.

Diagrama 1.7 Densidade do PIB por faixa de latitude

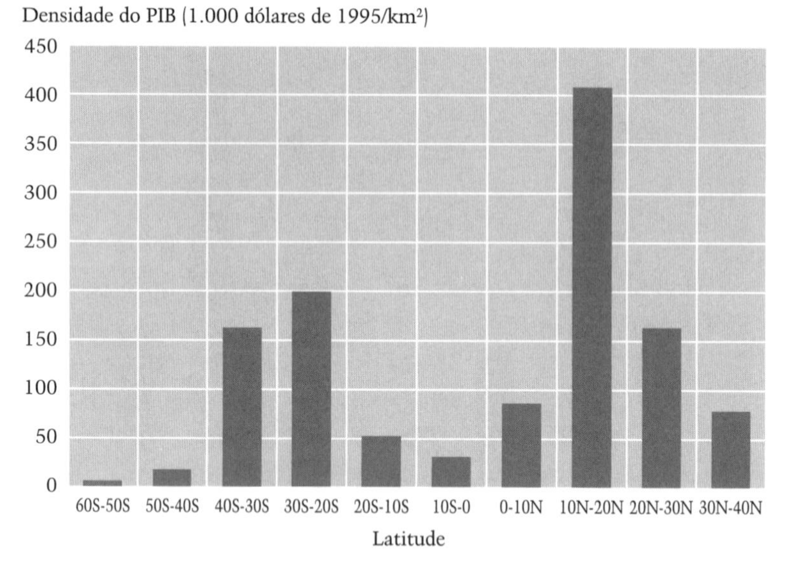

Fonte: BANCO MUNDIAL (1998) e ESRI (1996).

Isso é um fenômeno natural apenas em parte. Sua causa principal pode ser encontrada no modelo de desenvolvimento tecnológico que a distribuição de espécies agrícolas e animais e as condições do solo estimularam inicialmente, e reforçado por séculos de transformações tecnológicas direcionadas para as áreas mais ricas. O progresso tecnológico é mais rápido onde os mercados são maiores, o crédito é mais barato e a proteção dos direitos de propriedade intelectual assegura que os inovadores podem colher os frutos do investimento no desenvolvimento de novas tecnologias. Esses fatores, que tendem a acentuar a distância tecnológica entre países ricos e pobres em geral, hoje são extremamente importantes no caso da pesquisa e do desenvolvimento agrícolas, que se tornaram uma atividade tecnológica de ponta e de larga escala, a cargo de empresas altamente especializadas.

A disparidade entre a produção agrícola por agricultor tropical e não-tropical (ver Mapa 1.6, p.38) é ainda mais acentuada do que a disparidade entre os níveis de renda tropicais e não-tropicais (ver Mapa 1.5, p.37). A história se repete na maioria das culturas individuais. A Tabela 1.2 mostra que, de nove entre dez categorias importantes de cultura, a produção não-tropical é mais alta que a tropical. Isso é verdade especialmente em relação às culturas temperadas, como trigo, mas também para algumas culturas tropicais, como milho ou cana-de-açúcar.

Essas diferenças poderiam ser conseqüência, em parte, dos insumos empregados. Fertilizantes, tratores, sementes melhoradas e mão-de-obra, tudo isso afeta a produção, independentemente de o clima ser ideal ou não para a cultura. Os fazendeiros dos países mais ricos utilizam mais insumos não relacionados à mão-de-obra por hectare, o que sugere que a baixa produção nos trópicos pode ser causada *pela* pobreza em vez de ser uma causa *da* pobreza. Entretanto, os cálculos realizados por Gallup e Sachs (1999) mostram que a produção tropical é muito inferior, mesmo desconsiderando as diferenças no emprego de insumos.[5] As ecozonas tropical e seca, que compõem a maior parte dos trópicos geográficos, apresentam rendimentos de 30 a 40% inferiores aos das ecozonas temperadas para a mesma utilização de insumos. Além disso, o crescimento anual da produtividade agrícola foi cerca de 2% mais lento nas ecozonas tropical e seca do que nas temperadas. Por essa razão, embora a origem das diferenças de produtividade possa ser natural, não há dúvida de que, ao longo do tempo, os avanços tecnológicos aumentaram a distância. Os progressos tecnológicos concentraram-se nas regiões mais ricas, cuja ecologia mais homogênea facilita a difusão de espécies e tecnologias bem-sucedidas.[6]

Tabela 1.2 Rendimento das colheitas em países tropicais *versus* países não-tropicais do mundo em 1998

Cultura	*Rendimento tropical (tm/ha)*[a]	*Rendimento não-tropical (tm/ha)*[a]	*Tropical/ não-tropical*	*Diferença estatisticamente significativa*[b]
Cereais (equivalente a arroz beneficiado)	16,5	26,9	0,61	x
Milho	20,1	45,1	0,45	x
Tubérculos (batata, mandioca etc.)	105,0	200,0	0,53	x
Cana-de-açúcar[c]	647,0	681,0	0,95	
Leguminosas (feijão e ervilha)	7,9	13,3	0,59	x
Oleaginosas	5,1	4,0	1,28	x
Legumes	113,0	177,0	0,64	x
Frutas	96,0	97,9	0,98	
Banana	155,0	201,0	0,77	x
Café	6,5	15,4	0,42	x
Registros[d]	108,0	95,0		

a. Toneladas métricas por hectare.
b. x = valor de p menor do que 5% com relação ao índice t, em que a produção média tropical é diferente da produção média não-tropical.
c. Os dados são de 1996.
d. Este é o volume de registros no que diz respeito aos cereais. Nem todos os países produzem tubérculos.
Fonte: FAO (1999).

5 O preço e outras políticas agrícolas têm efeito significativo na maneira de produzir de um grande número de agricultores e na quantidade de insumos que eles usam; porém, em uma primeira aproximação, não devem influenciar o rendimento de determinados insumos.

6 Para uma análise e uma documentação mais amplas desse importante ponto, ver DIAMOND, 1997.

Embora a produtividade de algumas culturas como castanhas e frutas tropicais seja claramente mais elevada nos trópicos, poucas delas têm papel importante no sistema alimentar. A Tabela 1.3 mostra a contribuição das diferentes categorias de cultura para o abastecimento alimentar do mundo. Os cereais fornecem metade de todas as calorias e quase o mesmo tanto do consumo de proteína. As oleaginosas – a única categoria de cultura cuja produção é maior nos países tropicais do que nos não-tropicais – contribuem com apenas 10% dos nutrientes calóricos e somente 3% das proteínas.

O mesmo padrão de produtividade agrícola diferenciada aparece na América Latina, embora os países da região sejam mais parecidos um com o outro do que com o restante do mundo. No que diz respeito à maioria das culturas, o rendimento dos países da América Latina tropical é muito mais baixo, embora nenhuma das diferenças de produção entre os países tropicais e os não-tropicais seja estatisticamente significativa em relação a essas culturas (ver Tabela 1.4).

O desenvolvimento tecnológico também favoreceu a agricultura não-tropical na América Latina. Embora tenha havido rápido crescimento das safras na região, no que diz respeito à maioria dos produtos utilizados como matérias-primas, as taxas de crescimento são bastante diferentes entre as regiões tropicais e as não-tropicais (ver Tabela 1.5). Embora a produção de umas poucas culturas (café, frutas, legumes e oleaginosas) tenha aumentado ligeiramente mais rápido nos países tropicais, os maiores avanços ocorreram nos países não-tropicais. Além disso, as únicas diferenças de produtividade

Tabela 1.3 Fornecimento *per capita* de nutrientes por produto (porcentual)

	Mundo		*América Central*
Produto	*Calorias*	*Proteína*	*Calorias*
Total	100	100	100
Produtos vegetais	84	63	84
Cereais (equivalente ao arroz beneficiado)	50	45	47
Trigo	20	22	9
Arroz (equivalente ao beneficiado)	21	15	3
Milho	5	5	34
Outros	3	4	1
Tubérculos (batata, mandioca etc.)	5	3	1
Açúcares	9	0	16
Leguminosas (feijão e ervilha)	2	5	4
Oleaginosas e óleos	10	3	10
Legumes	2	4	1
Frutas	3	1	3
Bebidas alcoólicas	2	0	2
Outros	1	1	0
Produtos animais	16	37	16
Carne e gorduras animais	9	18	9
Leite, ovos, peixe	6	19	7

Obs.: Os totais podem não ser equivalentes à soma dos componentes em razão dos arredondamentos.
Fonte: FAO (1999).

Tabela 1.4 Rendimento médio das colheitas em países tropicais *versus* países não-tropicais da América Latina em 1998

Cultura	*Rendimento tropical (tm/ha)*[a]	*Rendimento não-tropical (tm/ha)*[a]	*Tropical/ não-tropical*	*Diferença estatisticamente significativa*[b]
Cereais (equivalente ao arroz beneficiado)	22,9	33,8	0,68	x
Milho	24,6	51,4	0,48	x
Tubérculos (batata, mandioca etc.)	122,0	218,0	0,56	x
Cana-de-açúcar[c]	700,0	632,0	1,11	
Leguminosas (feijão e ervilha)	7,5	10,4	0,72	x
Oleaginosas	6,2	5,3	1,17	
Legumes	143,0	161,0	0,89	
Frutas	135,0	142,0	0,95	
Banana	166,0	214,0	0,78	
Café	7,1	6,1	1,16	
Registros[d]	33	7		

a. Toneladas métricas por hectare.
b. x = valor de *p* menor do que 5% com relação ao índice *t*, em que a produção média tropical é diferente da produção média não-tropical.
c. Os dados são de 1996.
d. Este é o número de países que possuem dados referentes aos cereais. Nem todos os países produzem tubérculos.

Fonte: FAO (1999).

Tabela 1.5 Aumento médio do rendimento das colheitas em países tropicais *versus* países não-tropicais da América Latina entre 1961-98

Cultura	*Crescimento da produção tropical (%)*	*Crescimento da produção não-tropical (%)*	*Tropical/ não-tropical*	*Diferença estatisticamente significativa*[a]
Cereais (equivalente a arroz beneficiado)	1,8	2,6	–0,8	x
Milho	1,8	3,1	–1,3	x
Tubérculos (batata, mandioca etc.)	0,6	2,1	–1,5	x
Cana-de-açúcar[b]	0,8	1,0	–0,2	
Leguminosas (feijão e ervilha)	0,3	0,6	–0,3	x
Oleaginosas	2,0	1,8	0,2	
Legumes	2,5	1,6	0,9	
Frutas	0,3	0,1	0,2	
Banana	–0,3	0,2	–0,5	
Café	1,0	0,5	0,5	
Registros[c]	33,0	7,0		

a. x = valor de *p* menor do que 5% com relação ao índice *t*, em que a produção média tropical é diferente da produção média não-tropical.
b. Os dados são de 1961-96.
c. Este é o número de países que possuem dados referentes aos cereais. Nem todos os países produzem tubérculos.

Fonte: FAO (1999).

estatisticamente significativas ao longo dos últimos 37 anos favoreceram os países não-tropicais. Não é coincidência que os exportadores mais bem-sucedidos de produtos agrícolas da América Latina sejam países não-tropicais. O Chile tem avançado bastante desde a década de 1970 na produção de frutas para os mercados internacionais porque tem-se aproveitado dos avanços tecnológicos da Califórnia, região com a qual compartilha algumas importantes semelhanças geográficas e ecológicas (além da vantagem de as estações do ano serem em períodos opostos); isso foi documentado por Meller (1995; 1996).

A dieta latino-americana, em especial nos países tropicais, é diferente da existente em outras partes do mundo. Se os produtos agrícolas consumidos pela população dos países tropicais da América Latina tivessem produtividade relativamente maior, as diferenças de produção entre as regiões tropicais e as não-tropicais no que diz respeito aos outros produtos não representariam um problema tão grande. A última coluna da Tabela 1.3 mostra que os centro-americanos consomem muito mais milho, açúcar e leguminosas, os quais respondem por 54% de seu consumo de calorias, comparados a apenas 16% no restante do mundo. Entretanto, o milho e o feijão estão entre as culturas menos produtivas dos trópicos em comparação com as regiões não-tropicais, tanto na América Latina como em todo o mundo.[7]

Condições de saúde

A relação entre geografia física e desenvolvimento vai além da produtividade da terra ou da qualidade e disponibilidade dos recursos naturais. As regiões tropicais são mais pobres também em razão do peso maior das doenças. Os fatores geográficos influenciam as condições de saúde de numerosas maneiras. O alcance e a intensidade de muitas doenças, especialmente as provocadas por transmissores, variam de acordo com o clima. Embora a malária, a ancilostomíase e a esquistossomose, em especial – que provocam grande fraqueza –, tenham sido controladas de maneira relativamente fácil nas zonas temperadas, nos trópicos elas continuam desafiando as principais tentativas de controle. A falta de estações bem definidas dificulta ainda mais o controle, porque a reprodução dos agentes transmissores acontece de maneira relativamente uniforme ao longo do ano (para uma análise dos padrões sazonais dos agentes e das doenças provocadas pela água no Brasil, ver Capítulo 2). A alocação de investimentos em tecnologia tem servido apenas para reforçar a dificuldade relativa de controlar as doenças tropicais nas áreas mais pobres, pela simples razão de que aqueles que sofrem dessas

7 É surpreendente que a população da América Latina consuma uma quantidade relativamente grande de itens improdutivos, em vez de adotar dietas com melhor custo-benefício. Embora isso possa estar mudando com a internacionalização dessas economias, a dieta ainda reflete antigas tradições e uma herança de políticas que pretendiam isolar o mercado dos produtos agrícolas da concorrência externa.

doenças são pobres demais para pagar pelas vacinas ou pelos tratamentos, mesmo que tenham sido desenvolvidos e estejam disponíveis. Finalmente, e muito importante, as políticas e as instituições podem ter reproduzido resultados diferenciados em termos de saúde por causa, originalmente, da geografia. Os colonizadores europeus implantaram instituições mais avançadas nas colônias que tinham um clima mais favorável, onde esperavam se estabelecer de maneira permanente, e recorreram a sistemas de governo mais exploradores e menos construtivos, onde as condições de saúde eram mais difíceis. A herança dessas instituições originais pode ainda estar influenciando a qualidade do governo e do fornecimento de serviços públicos nas ex-colônias.[8]

Em razão disso, a mortalidade é maior e a expectativa de vida é menor nos trópicos. Os índices de mortalidade infantil da América Latina atingem o pico nos trópicos (ver Diagrama 1.8), declinando de maneira mais ou menos contínua em ambos os lados do pico. Os índices mais altos entre 10° e 20° de latitude Sul são mais que o dobro do índice das zonas temperadas ao Sul, e 50% superiores aos da zona temperada ao Norte. A expectativa de vida apresenta um padrão semelhante. O Diagrama 1.9 mostra que os habitantes das zonas temperadas do extremo Norte e do extremo Sul da América Latina têm expectativa de vida de aproximadamente 75 anos, porém a tendência apresenta acentuada inflexão no meio dos trópicos, caindo para 65 anos logo abaixo do Equador. As médias de vida mais baixas (menos de sessenta anos) de províncias da Bolívia e do Peru, e do Haiti, estão todas nos trópicos. As duas províncias próximas ao Equador cuja expectativa de vida supera os 75 anos também se encontram no Peru: a capital Lima e o departamento vizinho de Callao, um claro sinal das disparidades regionais no interior do país.

Como já verificamos que a renda *per capita* é mais baixa nos trópicos que nas zonas temperadas da América Latina, talvez a baixa qualidade da saúde nos trópicos se deva simplesmente à pobreza e não a influências diretas da geografia. Afinal, a Bolívia e o Haiti apresentam as mais baixas expectativas de vida e são também os países mais pobres. No entanto, a expectativa de vida também é baixa nos países tropicais que na média são menos pobres, como o Peru. Se considerarmos a expectativa de vida uma medida do bem-estar humano, não importa muito se o clima a influencia direta ou indiretamente, por meio do desenvolvimento econômico – o fato é que o bem-estar é menor nos trópicos. Contudo, se o objetivo for melhorar as condições de saúde, faz uma grande diferença se a abordagem mais eficaz é interromper diretamente a transmissão das doenças ou investir recursos no crescimento econômico, que irá solucionar indiretamente os problemas de saúde.

---

8 Evidência empírica que sustenta essas hipóteses é oferecida por ACEMOGLU; JOHNSON; ROBINSON (2001).

Diagrama 1.8 Mortalidade infantil por faixa de latitude

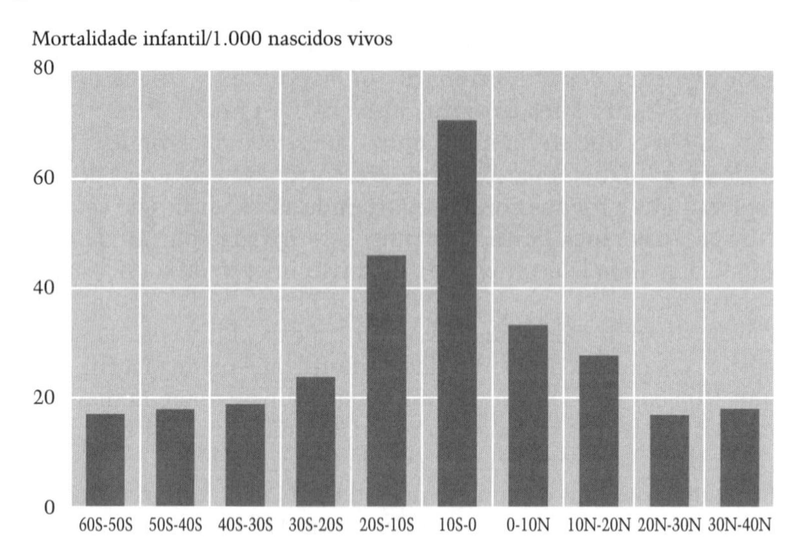

Fonte: BANCO MUNDIAL (1998) e ESRI (1996).

Diagrama 1.9 Expectativa de vida na América Latina por latitude em 1995

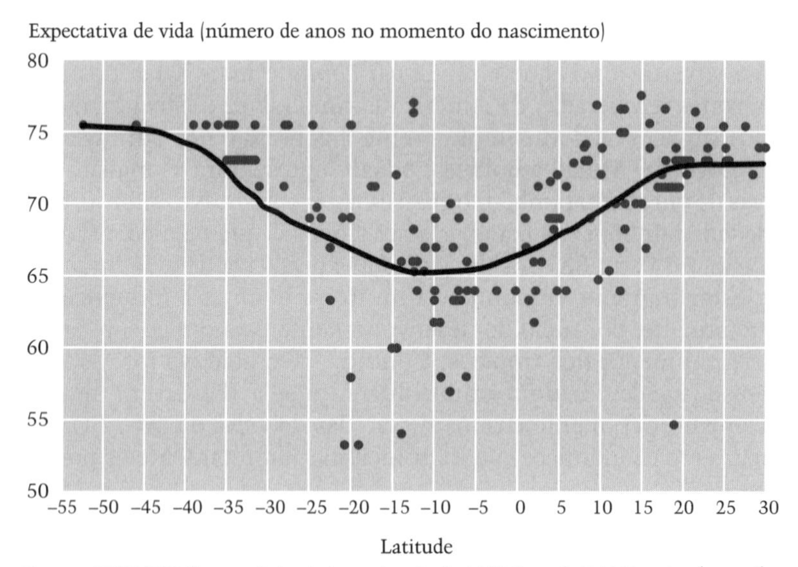

Fontes: ONU (1996), com dados infranacionais de ALVES et al. (2000), BITRÁN; MÁ; UBILLA (2000), ESCOBAL e TORERO (2000), ESQUIVEL (1999), SÁNCHEZ e NÚÑEZ (2000) e URQUIOLA et al. (1999).

Clima e saúde

Mesmo após controlar a influência dos níveis de renda, a expectativa de vida no interior da América Latina ainda apresenta correlação com o clima. Isso sugere que o clima afeta a saúde não apenas por meio da renda. Um dos fatores correlatos mais sólidos da condição de saúde é a educação das mães. Quando se inclui a influência da alfabetização feminina sobre a saúde ao lado dos níveis de renda, ela se torna ampla e significativa, e a renda perde sua associação independente com a expectativa de vida.[9] Não obstante, o clima continua a apresentar forte correlação com os resultados na área da saúde. Com a alfabetização feminina e o PIB *per capita* sob controle, a expectativa de vida é quatro anos mais baixa nos trópicos úmidos do que na zona temperada úmida. Esses resultados regressivos, sintetizados na Tabela 1.6, projetam uma expectativa de vida sete anos mais baixa nos trópicos úmidos do que no deserto e nas regiões secas, com renda e alfabetização feminina idênticas. A mortalidade infantil (que é um componente da expectativa de vida) apresenta resultados semelhantes. Mantendo-se inalterados os outros fatores, a mortalidade infantil é 4% mais alta nos trópicos úmidos que nas regiões temperadas úmidas, e 6% mais alta que nas regiões secas.

Uma das diferenças mais visíveis entre a insalubridade nas regiões tropicais e nas regiões temperadas é a malária. Apenas nas regiões tropicais do mundo é que a malária continua sendo um problema de saúde importante e intratável. O Mapa 1.7 (p.39) mostra a distribuição da malária na América Latina em três momentos distintos: 1946, 1966 e 1994. Embora o predomínio da malária tenha diminuído, o núcleo das zonas tropicais resiste ao controle. A malária está fortemente relacionada ao clima, e não existe nenhuma indicação de que seja influenciada pelos níveis de renda ou pela alfabetização das mulheres (ver Tabela 1.6).

Desastres naturais

Embora a produtividade agrícola e as condições de saúde sejam os dois principais canais pelos quais a geografia exerce influência sobre o desenvolvimento econômico na América Latina e no mundo, muitos países sofrem atrasos em suas tentativas de desenvolvimento em razão dos freqüentes e devastadores desastres naturais.

9 O PIB *per capita* influencia a condição de saúde e é influenciado por ela. Enquanto essa causalidade de mão dupla será tratada mais tarde correlacionando-se apenas as condições iniciais de saúde com o subseqüente crescimento econômico, na Tabela 1.6 a causalidade inversa também é um problema estatístico com relação à regressão. O efeito da saúde sobre a renda pode ser tratado com uma regressão de variáveis úteis que utilizam a abertura da economia como um instrumento em lugar dos níveis de PIB, como em PRITCHETT; SUMMERS, 1996. A abertura apresenta forte correlação com os níveis do PIB, mas é improvável que ela influencie diretamente as condições de saúde. Os coeficientes não apresentam alterações importantes após a utilização desse instrumento (resultados não demonstrados).

Tabela 1.6 Geografia e saúde, 1995

Variável independente	*[1] Expectativa de vida (anos ao nascer)*	*[2] Taxa de mortalidade (crianças mortas/ 1.000 nascidos vivos)*	*[3] Malária falciparum índice de 1994 (0-1)*
Log PIB *per capita* (PPC)	0,416	0,024	-0,014
	(0,64)	(0,01)	(0,42)
Índice de alfabetização feminina (%)	0,286	-1,452	0,000
	(9,29)***	(7,66)***	(0,24)
Tropical, úmido (%)	-4,332	40,722	0,275
	(4,01)***	(4,88)***	(5,22)***
Tropical, monção (%)	0,882	3,999	-0,019
	(1,45)	(0,61)	(0,09)
Tropical, parcialmente seco (%)	0,850	5,354	0,083
	(1,20)	(1,04)	(2,78)***
Estepe seca (%)	3,210	-18,505	-0,011
	(2,14)**	(2,27)**	(0,72)
Deserto (%)	2,481	3,724	-0,012
	(4,27)***	(1,14)	(0,81)
Temperado, verão seco (%)	3,729	-8,720	0,000
	(3,69)***	(1,36)	(0,00)
Temperado, inverno seco (%)	-3,557	26,959	-0,049
	(2,78)***	(1,59)	(1,34)
Altitude elevada e polar (%)	-0,769	3,651	0,012
	(0,89)	(0,77)	(0,26)
Constante	41,716	156,385	0,165
	(8,79)***	(4,68)***	(0,42)
Registros	178	178	139
R^2	0,64	0,49	0,26

Obs.: PIB = Produto Interno Bruto; PPC = valores em termos do poder paritário de compra. As estatísticas *t* confiáveis estão entre parênteses.

** Significativo a 5%.

*** Significativo a 1%.

Durante sua história recente, a América Latina sofreu um número desproporcional de desastres naturais. Define-se como desastre natural o evento natural cujo impacto em termos de prejuízos, número de desabrigados, mortes e destruição de bens provoca sérios percalços econômicos e sociais. Entre 1900 e 1999 ocorreram 1.309 desastres naturais na América Latina e no Caribe, representando 19% dos desastres registrados no mundo, atrás apenas da Ásia, com 44% (Secretaria de Ajuda em Situações de Desastre no Exterior, 1999 – OFDA, sigla em inglês do órgão norte-americano).[10] Entre 1970 e 1999, a região foi atingida por 972 desastres – ou seja, mais de 32 desastres por ano em média –, os quais, calcula-se, tenham matado 227 mil

10 O Banco de Dados de Desastres Internacionais do OFDA/CRED para o período de 1900-1999 relaciona acidentes naturais que causaram dez mortes ou mais, afetaram cem pessoas ou mais, ou resultaram no apelo à ajuda internacional ou na declaração de estado de emergência. A categoria das epidemias foi excluída (CRED, 2000).

pessoas, desabrigado cerca de 8 milhões e afetado, de uma maneira ou de outra, quase 148 milhões de pessoas (ver Tabela 1.7). O custo médio anual desses desastres ao longo dos últimos trinta anos é calculado entre 700 milhões e 3,3 bilhões de dólares.[11]

A aguda vulnerabilidade da região aos desastres naturais é o resultado da combinação de fatores geográficos e socioeconômicos. Os riscos relacionados aos eventos naturais são uma função da magnitude do fenômeno físico, da freqüência de sua ocorrência e do grau de vulnerabilidade da população. Todos os três elementos são fundamentais para explicar por que a América Latina sofreu e continua a sofrer de maneira significativa com os desastres naturais.

A localização é a principal explicação para a vulnerabilidade da América Latina. Como seu território está assentado sobre cinco placas tectônicas ativas (placas do Caribe, de Cocos, de Nazca, Scotia e Sul-americana), é grande a probabilidade de ocorrer tanto terremotos quanto erupções vulcânicas na região. Parte da costa do Pacífico da América do Sul está localizada ao longo do "anel de fogo" do Pacífico, onde ocorrem 80% da atividade sísmica e vulcânica da Terra. Entre os países com maior risco sísmico está o México, que sofreu 84 terremotos com mais de 7 graus na escala Richter durante o século XX (Banco Mundial, 1999), bem como Chile, Colômbia, Costa Rica, Equador, Guatemala e Peru.

Por causa do fenômeno recorrente do El Niño,[12] do deslocamento anual norte-sul da Zona de Convergência Intertropical e da passagem de tempestades tropicais e furacões originários nos oceanos Pacífico e Atlântico, existe também extrema volatilidade climática na forma de secas rigorosas, inundações e violentas ventanias na América Latina e no Caribe. Entre as zonas tradicionais de alta volatilidade climática estão a América Central, o Caribe, o Nordeste do Brasil, o Peru, o Equador, o Chile e a Argentina. Mudanças climáticas recentes parecem ter agravado a volatilidade climática na região.[13] Defensores da teoria da mudança climática sugerem que o impacto da mudança climática na América Latina e no Caribe representaria um aumento em intensidade de chuvas fortes e fenômenos do El Niño mais freqüentes e intensos, provocando inundações na costa ocidental da América Central e do Sul. Além disso, a elevação da temperatura da Terra contribuiria para a eleva-

---

11 Cálculos baseados no Gabinete de Ajuda em Situações de Desastre no Exterior (1999) e na ECLAC (2000, p.8).

12 A cada período de três a doze anos, o El Niño produz alterações na circulação atmosférica sobre o Pacífico, provocando com isso mudanças na temperatura da água ao largo da América do Sul, bem como inundações e secas na inclinação do Pacífico do continente.

13 De acordo com o Munich Reinsurance Group (1999), o número de desastres naturais importantes entre as décadas de 1960 e 1990 triplicou, e os prejuízos econômicos foram multiplicados por nove. Em 1998, ocorreram mais desastres naturais no mundo do que em qualquer outro ano de que se tem registro. No entanto, devemos atentar para o fato de que essas comparações podem ser influenciadas, até certo ponto, por um registro mais preciso e abrangente dos desastres naturais em anos recentes.

Tabela 1.7 Principais desastres naturais na América Latina e no Caribe entre 1970-2002

Ano	*País*	*Desastre*	*Mortos*	*Atingidos*	*Prejuízos em dólares de 1998 (milhões)*
1970	Brasil	Seca	—	10.000.000	0,4
1970	Peru	Terremoto	66.794	3.216.240	2.225,0
1972	Nicarágua	Terremoto	10.000	720.000	3.293,7
1973	Honduras	Avalanche	2.800	0	—
1974	Honduras	Furacão Fifi	8.000	730.000	1.784,6
1975	Brasil	Onda de frio	70	600	1.817,0
1976	Guatemala	Terremoto	23.000	4.993.000	2.864,0
1978	Brasil	Seca	—	—	5.746,5
1979	Rep. Dominicana	Furacões David e Frederick	1.400	1.554.000	336,8
1983	Argentina	Inundação	0	5.830.000	1.636,6
1983	Argentina	Inundação	0	250.000	1.309,3
1983	Brasil	Seca	20	20.000.000	—
1983	Peru	Inundação	364	700.000	1.618,3
1984	Brasil	Inundação	17	159.600	1.568,9
1984	Brasil	Inundação	10	120.400	1.568,9
1985	Argentina	Inundação	12	206.000	1.969,4
1985	Chile	Terremoto	180	1.482.275	2.272,4
1985	Colômbia	Vulcão Nevada del Ruiz	21.800	12.700	1.515,0
1985	México	Terremoto	8.776	130.204	6.059,8
1986	El Salvador	Terremoto	1.000	770.000	2.231,0
1987	Colômbia	Terremoto	1.000	—	7.168,4
1987	Equador	Tsunami	1.000	6.000	—
1987	Equador	Terremoto	4.000	227.000	1.003,6
1988	Brasil	Inundação	289	3.020.734	1.378,4
1988	Jamaica	Furacão Gilbert	49	810.000	1.378,4
1988	México	Furacão Gilbert	240	100.000	1.860,9
1988	Santa Lúcia	Furacão Gilbert	45	—	1.378,4
1989	AN-Caribe	Furacão Hugo	42	33.790	4.706,2
1991	El Salvador	Terremoto	1.000	—	—
1993	México	Tempestades tropicais Arlene e Beatriz	7	10.000	1.884,5
1994	Haiti	Tempestade tropical Gordon	1.122	1.587.000	—
1995	Ilhas Virgens (Estados Unidos)	Furacão Marilyn	8	10.000	1.604,6
1996	México	Seca	0	—	1.247,1
1998	Argentina	Inundação provocada pelo El Niño	19	360.000	2.500,0
1998	Brasil	Seca	0	10.000.000	97,8
1998	Rep. Dominicana	Furacão Georges	288	4.515.238	2.193,4
1998	Equador	Inundação provocada pelo El Niño	322	88.753	2.869,3
1998	Honduras	Furacão Mitch	5.657	2.112.000	2.000,0
1998	México	Inundação	1.256	506.744	—
1998	Nicarágua	Furacão Mitch	2.447	868.228	1.000

(Continua na página seguinte)

Ano	*País*	*Desastre*	*Mortos*	*Atingidos*	*Prejuízos em dólares de 1998 (milhões)*
1998	Peru	Inundação	340	580.750	1.200,0
1999	Colômbia	Terremoto	1.186	1.205.933	2.837,9
1999	Venezuela	Inundação/avalanche de detritos	30.000	483.635	1.957,2
2001	Brasil	Seca	0	1.000.000	—
2001	El Salvador	Terremoto	844	1.329.806	—
2001	El Salvador	Terremoto	315	252.622	—
2002	Chile	Inundação	233	199.511	—

— Não disponível.

Fonte: EM-DAT: Banco de Dados Internacional sobre Desastres da OFDA/CRED – www.cred.be/emdat – Universidade Católica de Louvain, Bruxelas, Bélgica.

ção do nível do mar, ameaçando as zonas costeiras ao deixá-las muito mais vulneráveis às inundações no caso de ocorrerem tempestades ou furacões.

A vulnerabilidade geral da região aos desastres naturais não é determinada apenas pela localização e pelo clima, mas também por diversos fatores socioeconômicos que ampliam enormemente o potencial destrutivo e mortal desses eventos. Entre eles estão os padrões de ocupação (especialmente nas áreas vulneráveis), a qualidade inferior das moradias e da infra-estrutura, a degradação ambiental, a falta de estratégias de diminuição de risco e os tipos de atividade econômica.

A alta densidade populacional nas áreas de risco contribui significativamente para aumentar a vulnerabilidade da América Latina aos desastres. Em razão do crescimento demográfico, ocorreu aumento geral da densidade populacional; como resultado, maior número de pessoas encontra-se vulnerável aos desastres naturais. A América Latina e a região do Caribe apresentaram um rápido crescimento demográfico nas três últimas décadas, chegando a 70% entre 1970 e 1999. Atualmente, com um total de 511,3 milhões de habitantes, a região tem uma densidade populacional média de 26 hab/km^2 (ou cerca de 65 habitantes por milha quadrada; UNFPA, 1999). Resultado da urbanização e dos padrões migratórios, as zonas de alta densidade (ver Diagrama 1.6) localizam-se freqüentemente no litoral e próximo às falhas sísmicas. No Peru, a proporção de habitantes que moram nas regiões litorâneas – a menos de 80 quilômetros (50 milhas) do mar – mais suscetíveis ao El Niño e a outros fenômenos é de 73%, comparados a apenas 54% há três décadas (FICV, 1999, p.88).

A rápida urbanização acentuou as conseqüências adversas dos desastres naturais sobre a atividade econômica e a população. Por natureza, as cidades são mais vulneráveis física e economicamente aos desastres naturais em razão da concentração das pessoas e dos bens e do alto grau de dependência dos habitantes das redes urbanas de distribuição de energia, água e alimento (Clarke, 2000, p.7). Além disso, muitas cidades encontram-se localizadas em áreas de alto risco. Pelo menos duas das maiores cidades da América Latina, e das que mais rapidamente crescem – Cidade do México e Lima –, localizam-se em zonas com elevada atividade sísmica. O terremoto de 1985 na Cidade do México causou 8.700 mortes e 4 bilhões de dólares de prejuízo (Gabinete de Ajuda em Situações de Desastre no Exterior, 1999). Lima foi seriamente atingida ou destruída por seis terremotos desde 1856. Desde 1940, data do último terremoto importante, sua população aumentou seis vezes, alcançando 8,5 milhões de habitantes. O risco de ocorrer um grande terremoto em Lima nos próximos cem anos foi calculado em 96% (FICV, 1993, p.48-50).

Além disso, por causa do rápido crescimento demográfico e da migração do campo para a cidade, a maioria das cidades expandiu-se sem planejamento urbano, códigos de edificação ou regulamentação do uso do solo adaptados a seu ambiente geográfico. Dada uma taxa de urbanização superior a 76%, calcula-se que havia 90 milhões de latino-americanos vivendo em áreas urbanas no ano 2000 (FICV, 1993, p.44). As cidades da região são particularmente vulneráveis aos terremotos e às enchentes em razão das ruas estreitas, das edificações feitas com adobe ou tijolo seco e da falta de ruas pavimentadas e de áreas verdes. A migração para as cidades aumentou a demanda pelo espaço urbano, resultando na expansão dos bairros pobres nos terrenos desvalorizados em áreas de risco. Entre os exemplos estão as favelas nos morros do Rio de Janeiro, os bairros de barracos de madeira da Cidade da Guatemala localizados em encostas sujeitas a deslizamentos e os cortiços na parte baixa e alagada e nas encostas íngremes de Tegucigalpa. Não surpreende que os cortiços das cidades normalmente sejam os primeiros bairros – e às vezes os únicos – a ser destruídos pelos desastres naturais, como aconteceu com as inundações em Caracas em 1999 e no Rio de Janeiro em 1988, e com o terremoto de 1976 na Cidade da Guatemala (Albala-Bertrand, 1993, p.93).

A baixa qualidade das casas na região, que também agrava as conseqüências dos desastres naturais, é resultado principalmente da rápida urbanização e da pobreza generalizada. Em 1993, 37% do total das casas da América Latina não tinham proteção adequada contra catástrofes e doenças (OPAS, 1998). O Plano de Redução de Desastres do Caribe, da OEA, calcula que 60% do total das casas do Caribe são construídas sem nenhum apoio técnico (FICV, 1997, p.80). Obviamente, a baixa qualidade das moradias está relacionada à pobreza generalizada. As famílias pobres em geral não dispõem do conhecimento, da técnica e dos recursos para lidar com problemas como a drenagem de água ou com o perigo de desabamento representado pelas construções erguidas umas sobre as outras. Há registros de que 40% dos acidentes nas favelas do Rio de Janeiro são provocados pelo desmoronamento das construções, e outros 30% por deslizamentos de terra (Hardoy, 1989). Além disso, a aplicação dos códigos de edificação é deficiente nas áreas de risco, acontecendo isso também nos bairros de renda alta, nas empresas do setor formal e na infra-estrutura pública. Na ilha caribenha de Montserrat, 98% dos desmoronamentos de casas causados pelo furacão de 1989 deveram-se ao não-cumprimento dos códigos de edificação relacionados à resistência ao vento e aos furacões. O prejuízo total somou 240 milhões de dólares, equivalente a cinco vezes o PIB (FICV, 1997, p.80).

O atraso de investimento em infra-estrutura básica também submete a população e os bens a maior risco. Como demonstrou o impacto do furacão Mitch na América Central e do El Niño no Peru e no Equador, os furacões e as inundações geralmente destroem estradas, pontes, aeroportos, represas e diques de má qualidade. Esse prejuízo causado à infra-estrutura em geral leva a um número maior de mortes, bem como a uma interrupção maior e mais demorada da distribuição de alimentos e da atividade econômica. No caso do furacão Pauline no México, em 1997, metade das quatrocentas mortes foi causada pela incapacidade de chegar até as populações nas áreas isoladas (OPAS, 1998). No Peru, a destruição total da infra-estrutura do país durante o El Niño de 1997-98 chegou a 5% do PIB do país, provocando sério e prolongado declínio em diversos setores-chave da economia, incluindo a mineração, a indústria mais importante do país (FICV, 1999, p.88). A vulnerabilidade da infra-estrutura de saúde aos desastres, por causa de técnicas de edificação que não são resistentes a eles e pela falta de manutenção, também diminui a qualidade e o acesso ao atendimento de emergência que se segue ao desastre e no período de recuperação. Na Cidade do México, a nova ala do Hospital Juárez desmoronou durante o terremoto de 1985, provocando muitas mortes e paralisando uma infra-estrutura social decisiva em um momento de crise (OPAS e OMS, 1994, p.72). Sistemas de água potável e de esgotos mal projetados e com manutenção precária também são freqüentemente danificados pelos desastres, aumentando as ameaças à saúde decorrentes do cólera e da leptospirose.

A degradação do meio ambiente também desempenha papel decisivo na transformação de eventos naturais em desastres. Em toda a região, o risco de inundações e deslizamentos de terra é amplificado pelo desflorestamento das bacias hidrográficas, pela ausência de programas de conservação do solo e pelo uso inadequado da terra. Como resultado do desflorestamento, a região perdeu 61 milhões de hectares, ou 6%, da cobertura florestal entre 1980 e 1990. Outros 5,8 milhões de hectares, ou 3%, da cobertura total remanescente foram perdidos entre 1990 e 1995 (Pnuma, 2000, p.123). A degradação ambiental na região é resultado da alta densidade populacional em ecossistemas frágeis, bem como de atividades agrícolas destrutivas. Em vez de confiar nas técnicas de cultivo mais tradicionais e respeitadoras do meio ambiente (como os terraços nas encostas dos morros ou as culturas plantadas em solos protegidos pelas raízes das árvores), o setor agrícola da América Latina freqüentemente emprega métodos que conduzem a um desflorestamento generalizado e à erosão do solo. Estes, por sua vez, aumentam a vulnerabilidade às enchentes, à seca e aos deslizamentos de terra.

A maioria dos países da região ainda não implantou políticas eficientes de gestão de risco. As agências encarregadas da redução de riscos e das medidas de prontidão sofrem enorme carência de recursos, se comparado ao custo dos riscos contra os quais se espera que elas protejam a população. Segundo o Centro de Coordenação da Prevenção dos Desastres Naturais

(Cedeprenac, sigla em inglês; 1999, p.13), nenhum dos governos da América Central destina recursos suficientes do orçamento nacional para a gestão dos acidentes naturais. Apesar de sua comprovada eficiência, são escassas as atividades essenciais de redução de risco, como drenagem, controle de enchentes e reflorestamentos das bacias hidrográficas nas áreas de risco. Embora igualmente importantes para a redução do risco, a regulamentação do uso do solo e os códigos de edificação raramente são postos em prática. Além disso, a maior parte da infra-estrutura vital, como hospitais, serviços públicos e aeroportos, carece de planos de emergência adequados. Finalmente, os sistemas de alerta antecipado, de evacuação e de abrigo não cobrem todas as áreas de risco e permanecem, em grande medida, desorganizados. Grande parte da mortalidade relacionada à tempestade tropical Gordon no Haiti, em 1994, e ao furacão César, em 1996, na Costa Rica, foi atribuída a deficiências ou falhas dos sistemas de alarme e de evacuação (OPAS, 1998).

Além de serem fisicamente vulneráveis aos desastres naturais, os países da América Latina e do Caribe também são vulneráveis economicamente. O impacto macroeconômico dos desastres naturais depende sobretudo do grau de vulnerabilidade dos bens expostos, da importância das atividades econômicas afetadas e do impacto dessas atividades em outros setores e nas finanças públicas. Nos desastres graves, os prejuízos podem alcançar ou exceder 10% do PIB do país, reduzindo seu crescimento durante um período de um a três anos. O impacto econômico também depende das condições macroeconômicas antes do desastre, do grau de diversificação da economia e do tamanho dos mercados financeiro e de seguros. Por fim, o volume, o *timing* e o custo do eventual financiamento disponível para a reconstrução irão afetar o resultado macroeconômico final. A falta de diversificação setorial na região ajuda a explicar por que os desastres naturais têm um impacto desfavorável significativo em termos gerais. A agricultura, que está relacionada diretamente às condições climáticas, ainda é um setor-chave em termos de participação no PIB e no emprego. O peso do setor agrícola nas áreas rurais, associado à ausência de opções de trabalho, cria um risco maior de desemprego maciço, perda de renda e recessão nas áreas com elevada volatilidade climática. Em Honduras, o país mais duramente castigado pelo furacão Mitch – e onde os prejuízos diretos representaram 38% do PIB do país –, 77,6% das perdas do setor produtivo concentraram-se na agricultura, na criação de animais e na indústria da pesca. Esse setor é responsável por 20% do PIB, 63% das exportações e 50% do total de empregos. Em conseqüência do Mitch, a atividade do setor agrícola sofreu contração de 8,7% em 1999, e o crescimento real do PIB foi de –2% (Economist Intelligence Unit – braço de informações da revista *The Economist* –, 2000, p.24 e 34; Eclac, 1999, p.78; FMI, 2000).

Ao impedir a associação para enfrentar o risco e a divisão da responsabilidade, a capacidade limitada dos mercados de seguros e de resseguros também torna a região mais vulnerável aos desastres naturais. Munich Re, importante companhia de resseguros, calcula que entre 1985 e 1999 o total de prejuízos cobertos por seguro na América Latina foi de 420 milhões de dólares, ou seja, 3,8% do total de prejuízos (Münchener Rück, 2000, p.64-5). O El Niño provocou 2,8 bilhões de dólares de prejuízo à infra-estrutura pública do Peru, dos quais apenas 150 milhões de dólares estavam segurados (FICV, 1999, p.97). Portanto, sobra para o Estado, para as empresas e para os indivíduos arcar com a parte principal do colapso provocado pela destruição do capital físico e do declínio da atividade econômica.

Acesso aos mercados

O acesso aos principais mercados mundiais é fundamental para o desenvolvimento econômico. Apenas os mercados mundiais oferecem a escala, o grau de competição e o acesso às necessidades tecnológicas e organizacionais necessárias para produzir, com eficiência, a maioria dos bens. O acesso aos mercados mundiais depende dos fatores que determinam o custo do transporte marítimo – a distância do país dos principais mercados mundiais e se a parte principal da atividade econômica está localizada próxima à costa ou a um rio grande e navegável.

Por que esses fatores são tão importantes? Com relação à maioria dos bens, os mercados mundiais são dominados por um número relativamente pequeno de países industriais da Europa e da América do Norte e pelo Japão. A proximidade dessas regiões representa enorme vantagem econômica. Para os poucos países em desenvolvimento que experimentaram de fato rápido crescimento econômico ao longo da última geração, a exportação de produtos industriais intensivos em mão-de-obra teve papel preponderante. O comércio desses bens depende, em grande medida, do transporte marítimo. Porém, como o custo real do transporte nada mais é que uma fração do valor dos bens finais, por que os custos com transporte têm um impacto econômico tão importante? Quando os bens de capital são importados, o que quase sempre acontece fora dos países mais prósperos, os custos de transporte servem como um imposto sobre o investimento, que varia conforme a acessibilidade do país. Se os insumos da produção também são importados, como em geral acontece na exportação de manufaturas, o impacto desse imposto é fortemente ampliado (isso é demonstrado formalmente em Gallup; Sachs; Mellinger, 1999). Não é incomum, nas montadoras *offshore*, que o valor dos insumos corresponda a 70% do valor do produto final exportado. Se o custo do transporte for 10% do valor do bem transportado, aplicado tanto aos insumos importados quanto ao produto final exportado, tais custos representarão fantásticos 56% do valor doméstico agregado.[14] Se os custos de trans-

14 A proporção dos custos de transporte com relação ao valor agregado local é igual aos custos da remessa dos insumos e da exportação, todos divididos pelo valor do produto menos o valor dos insumos importados. Para uma exportação de valor 1, insumos importados de 0,7 e custos de remessa de 10%, essa proporção é de 56% ([0,1 x 0,7 + 0,1 x 1,0]/0,3). Se os custos de remessa forem de apenas 5%, então o preço dos insumos no desembarque será 5% inferior, ou 0,7(1 – 0,05) = 0,665, e o valor agregado será 1 – 0,665 = 0,335. A proporção do custo de remessa com relação ao valor agregado é de 0,05(1,665)/0,335 = 25%.

porte forem metade dessa taxa, de 5%, então a proporção dos custos de remessa com relação ao valor agregado cairá para 25%. Tal diferença nos custos de transporte em geral é suficiente para tornar os custos de remessa mais altos para uma localidade mais distante totalmente não-lucrativa.

O acesso ao mar é tão importante para a acessibilidade econômica como a distância dos mercados internacionais, somente porque o transporte terrestre é muito mais caro que o marítimo, em especial nos países pobres com infra-estrutura limitada. O custo do transporte terrestre de bens no interior de um país pode ser tão alto quanto o custo de enviá-los por via marítima para um porto estrangeiro bem distante.[15] Quase todos os países que foram bem-sucedidos em termos macroeconômicos na exportação de manufaturas intensivas em mão-de-obra têm a quase totalidade da população localizada em uma faixa de 100 km (cerca de 62 milhas) do mar.

Do ponto de vista de acesso aos mercados, os países da bacia do Caribe têm uma posição ideal. Eles estão próximos do grande mercado norte-americano e a maioria de sua população e atividades econômicas situam-se perto do litoral. Com políticas econômicas dirigidas e uma infra-estrutura complementar, os países do Caribe e da América Central deveriam ter uma vantagem competitiva sobre os exportadores de manufaturas mais bem-sucedidos do leste asiático. Por que as empresas norte-americanas cruzariam todo o Pacífico para tirar proveito dos baixos salários das empresas manufatureiras se a algumas centenas de milhas de distância há mão-de-obra instruída e barata?

As políticas comerciais do Caribe e o crescimento das zonas de processamento de exportação (ZPEs) começaram a tirar partido desse potencial. O papel das ZPEs como trampolim para o desenvolvimento de um setor manufatureiro de exportação destaca a importância do acesso ao mar. Como o Mapa 1.8 (p.40) e a Tabela 1.8 mostram, 152 das 210 zonas de processamento de exportação da América Latina e do Caribe localizavam-se, em 1997, a até 100 km da costa. A maioria das ZPEs localizadas no interior fica na região Norte e Central do México, com bom acesso por terra ao mercado norte-americano, e na Bolívia, que não tem acesso ao mar. Excluindo-se as ZPEs mexicanas e bolivianas, 112 das 119 ZPEs, ou 94%, estão localizadas na região costeira.

As economias do Caribe e da América Central estão se beneficiando do aprofundamento dos vínculos comerciais com os Estados Unidos, ao passo que vários países latino-americanos estão enfrentando crises econômicas no momento. O desempenho econômico no interior do México mostra essa tendência. De 1960 a 1980, quando a economia estava em grande medida fechada ao comércio externo (ver Diagrama 1.10), o crescimento do PIB *per*

---

15 É difícil obter dados relacionados a custos de transporte, mas estudo recente realizado pela Conferência das Nações Unidas sobre Comércio e Desenvolvimento (Unctad) demonstrou que, para os países africanos sem acesso ao mar, o custo do transporte por terra de um contêiner poderia chegar a 228% do custo do transporte marítimo do mesmo contêiner, do porto mais próximo até a Europa; ver RADELET; SACHS (1998).

Tabela 1.8 Acesso ao mar das zonas de processamento de exportação da América Latina

Indicador	*Costeira*	*Não-costeira*
Zonas de processamento de exportação	152	58
Porcentual de todas as ZPEs	72	28
ZPEs excluindo México e Bolívia	112	7
Porcentual de todas as ZPEs	94	6

Obs.: Inclui o livre comércio e as zonas das *maquiladoras*. As implantações litorâneas ficam a até 100 km da costa. Muitas ZPEs do Mapa 1.8 (p.40) têm mais de uma zona de processamento de exportação.

Fonte: WEPZA (1997).

Diagrama 1.10 Diferença de crescimento entre os estados mexicanos de fronteira e o restante do México

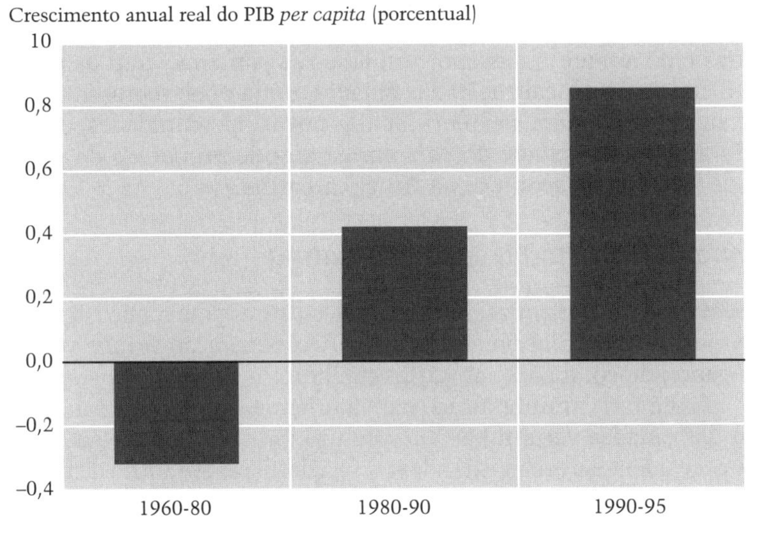

Fonte: ESQUIVEL (1999).

capita dos estados mexicanos que fazem fronteira com os Estados Unidos aumentou 0,3% mais devagar do que o dos outros estados mexicanos. Com a liberalização comercial da década de 1980 que abriu a economia ao mercado norte-americano, o crescimento dos estados de fronteira foi 0,4% *mais rápido* que o dos outros estados (embora o país como um todo tenha sofrido uma redução do PIB *per capita*). Entre 1990-95, com o advento do Tratado de Livre-Comércio da América do Norte (Nafta, sigla em inglês), os estados da fronteira norte cresceram 0,8% mais rápido que os outros estados, apesar de o PIB *per capita* geral continuar declinando.

Outros países latino-americanos são menos favorecidos do que o México e os países caribenhos em termos de acesso aos mercados. A Bolívia e o Paraguai não têm acesso ao mar, o que reduz suas possibilidades de comércio. Apesar do acesso ao Atlântico e ao Pacífico, o maior volume das atividades econômicas da Colômbia localiza-se nas montanhas andinas, onde as condições climáticas são mais favoráveis, mas o acesso é difícil. O país nem contava, até recentemente, com boas estradas para ligar suas principais regiões. As estradas colombianas, até o século XX, só ligavam os povoados de uma mesma região, não havia estradas que interligassem as regiões. Até 1930, a principal ligação da capital Bogotá com o mundo exterior era um vapor que levava doze dias para descer o rio Magdalena. Por causa das barreiras geográficas, a malha rodoviária colombiana ainda apresenta uma das mais baixas densidades da América Latina. Apesar da recente liberalização comercial, a atividade econômica do país ainda se concentra em Bogotá e seus arredores.

A importância das barreiras geográficas e dos problemas de localização pode mudar ao longo do tempo. A região de planície da Bolívia – país que não tem acesso ao mar – passou por grande surto expansionista ao longo das duas últimas décadas em virtude da combinação de novas ligações rodoviárias e do aumento das oportunidades de comércio com os países vizinhos. É claro que a localização das cidades ainda pode representar um obstáculo significativo para a exploração das novas oportunidades, em especial quando a principal cidade do país abriga grande proporção da população, como de modo geral acontece na América Latina.

Predomínio urbano na América Latina

Desenvolvimento e urbanização têm andado juntos pelo menos desde o início da Revolução Industrial no século XIX. A urbanização trouxe vantagens a muita gente, de condições sanitárias melhores a salários mais altos. Ainda assim, não há um caminho único para a urbanização. O tamanho e a distribuição das cidades variam bastante de um país para outro. Enquanto em alguns as residências urbanas tendem a se aglomerar em torno de uma grande cidade, em outros elas podem se espalhar por diversas cidades, tanto grandes quanto pequenas. Essas diferenças afetam os efeitos do desenvolvimento de maneira variada e complexa, como reconhecem há muito tempo os economistas urbanos e outros cientistas sociais.

A urbanização foi acompanhada, na maioria das vezes, pela concentração populacional em uma cidade principal. Outrora limitado aos países industriais, esse processo de concentração urbana tornou-se recentemente uma característica importante de muitos países em desenvolvimento, em especial na África e na América Latina. O Diagrama 1.11 mostra que a concentração urbana, ou o porcentual da população urbana que mora na principal cidade do país, é maior hoje na América Latina do que em qualquer região do globo. Apenas a África subsaariana tem níveis que podem ao menos ser comparáveis, porém com muito menos populações urbanas. O Diagrama 1.12 mostra que o destaque da América Latina em termos de concentração urbana não é um fenômeno recente. Em uma data tão distante como 1950, a concentração urbana média na América Latina era 6% maior do que no restante do mundo. Essa diferença aumentou ligeiramente nas décadas de 1960 e 1970, mantendo-se estável daí em diante.

Diagrama 1.11 Concentração urbana no mundo na década de 1990

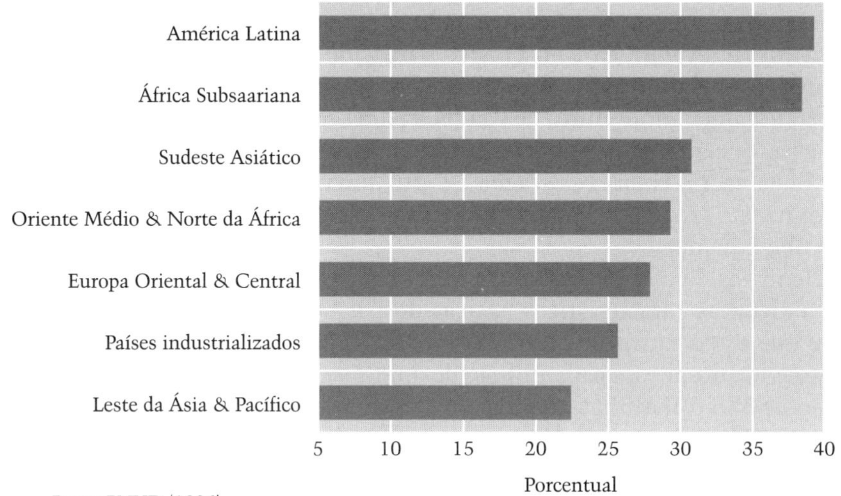

Fonte: PNUD (1996).

Diagrama 1.12 Concentração urbana na América Latina e no restante do mundo entre 1950-90

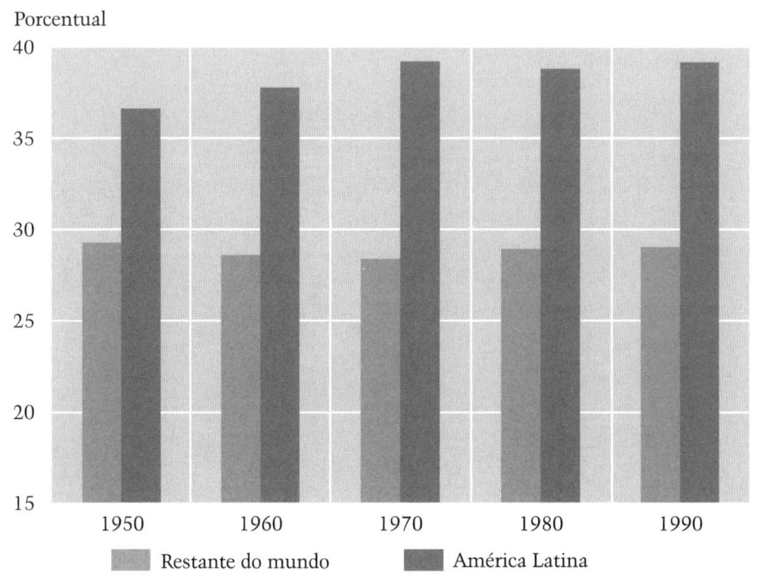

Fonte: PNUD (1996).

No interior da América Latina, o processo de concentração urbana tem variado de país para país. As diferenças entre os países ficam evidentes no Diagrama 1.13, não apenas em níveis de concentração urbana como também na maneira que ela tem avançado ao longo do tempo. A atual concentração urbana vai de 15% no Brasil e a mais de 65% no Panamá. Embora os limites da variação tenham permanecido estáveis, a evolução da concentração urbana variou muito de um país para outro. Dessa forma, em alguns países a concentração urbana aumenta de maneira contínua (Chile, Colômbia, El Salvador, Haiti, Nicarágua e Peru), em outros o declínio é constante (Argentina, Uruguai e Venezuela), e em outros o padrão é de estabilidade (Brasil e Equador).

Os níveis de concentração urbana estão associados, de maneira previsível, a algumas características básicas do país. Gaviria e Stein (1999) mostram que a concentração urbana é mais baixa nos países menores (ela cai 1 ponto porcentual para cada milhão de quilômetros quadrados, ou aproximadamente 385 mil milhas quadradas) e nos países mais ricos (ela cai 1 ponto porcentual para cada mil dólares de renda *per capita*). Na média, a concentração urbana é 10 pontos porcentuais mais alta nos países onde a principal cidade também é a capital do país, e 2 pontos porcentuais nos países onde a principal cidade é um porto.

As transformações na concentração urbana também são afetadas pelas características do país. Os poucos estudos que examinaram os efeitos das

Diagrama 1.13 Concentração urbana na América Latina em 1950 e 1990

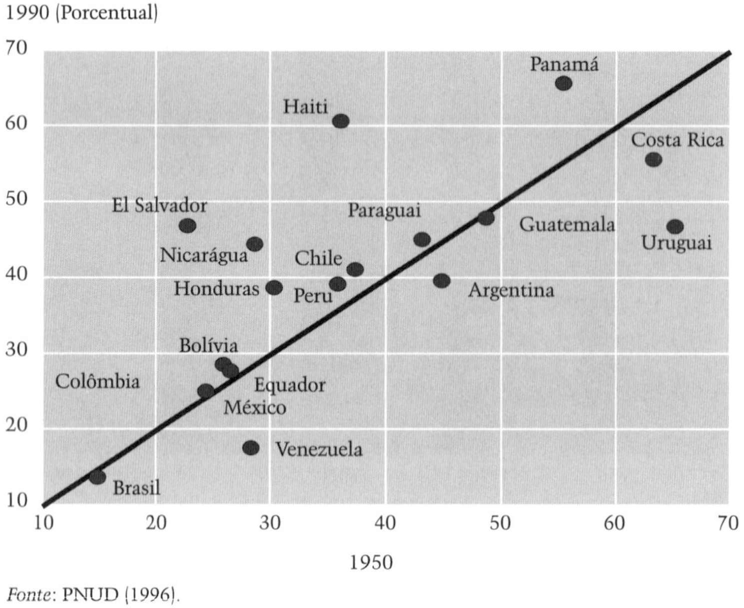

Fonte: PNUD (1996).

variáveis políticas e econômicas mostram que a concentração urbana cresce mais rápido em regimes politicamente instáveis e em economias mais voláteis, e mais devagar em economias mais abertas, especialmente se a cidade principal não tem acesso ao mar.[16]

O efeito mais visível da concentração urbana é o surgimento de cidades gigantescas. Há muito tempo essas cidades têm aterrorizado os planejadores urbanos, que não conseguem entender por que as pessoas insistem, contra suas advertências, em morar ali. Em compensação, as megalópoles fascinam os economistas urbanos, que há muito suspeitam que as pessoas vivem ali por um motivo: os gigantes urbanos estão crivados de problemas mas cheios de possibilidades.

Essas megalópoles sofrem de uma longa lista de males, que vão de altos índices de poluição a um número maior de congestionamentos e à necessidade de gastar mais tempo nos deslocamentos de casa para o trabalho, e vice-versa. Em Los Angeles, por exemplo, mais de 2,3 milhões de pessoas-hora são perdidos nos atrasos provocados pelo trânsito em um ano comum (ver Gleick, 1999). Com toda a probabilidade, esses números são ainda maiores em muitas cidades do mundo em desenvolvimento, de São Paulo a Bancoc.

Diagrama 1.14 Confiança interpessoal e tamanho das cidades na América Latina

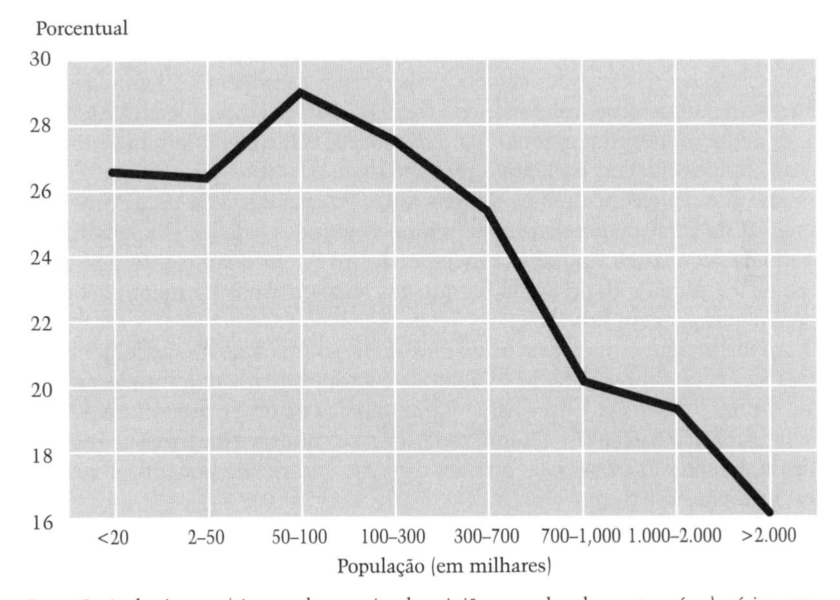

Fonte: Latinobarômetro (sistema de pesquisa de opinião que cobre dezessete países), vários anos.

16 ADES; GLAESER (1995) utilizam um cruzamento de 85 países para estudar os efeitos das variáveis políticas e econômicas sobre os *níveis* de concentração urbana. GAVIRIA; STEIN (1999) utilizam um painel de 105 países e cinco décadas para estudar os efeitos de um conjunto semelhante de variáveis sobre as *transformações* da concentração urbana.

Os gigantes urbanos (e as grandes cidades em geral) também sofrem com taxas superiores de criminalidade, embora estas pareçam se reduzir quando as cidades ultrapassam o nível de 1 milhão de habitantes (ver Quadro 1.4). Além disso, as cidades maiores têm um nível menor de capital social (de laços comunitários mais frágeis a uma confiança menor entre as pessoas). O Diagrama 1.14 mostra, por exemplo, que na América Latina a proporção de pessoas que afirmam confiar nos outros cai sensivelmente à medida que aumenta o tamanho da cidade.

Quadro 1.4 A criminalidade e a cidade

Na América Latina, e no mundo em geral, a criminalidade é muito pior nas áreas urbanas que nas áreas rurais e, dentro das áreas urbanas, muito pior nas grandes cidades que nas pequenas. Embora essa conexão raramente seja quantificada, ela já faz parte do inconsciente coletivo: nossos bandos de criminosos não se encontram mais nas paisagens desoladas da zona rural, e sim no coração das grandes cidades, em meio a enormes arranha-céus e pedestres impassíveis (baseado em Gaviria e Pagés, 2002).

Várias hipóteses foram levantadas para explicar a inegável associação entre criminalidade e tamanho da cidade. Uma possibilidade é que, nas grandes cidades, as vítimas são mais atraentes: seus habitantes são mais ricos e, em geral, possuem mais bens que podem ser roubados e vendidos. Outra possibilidade é que as pessoas com tendência maior de se tornar criminosas concentram-se de maneira excessiva nas grandes cidades, seja porque o ambiente urbano favorece o crime, seja porque provavelmente os jovens ou outros grupos de alto risco migram, de maneira desproporcional, para as cidades. Outra possibilidade ainda é que, nas grandes cidades, é menor a probabilidade de que as pessoas que violam a lei sejam presas (e condenadas), ou por causa da existência de uma "produção declinante" na geração de prisões, ou porque as grandes cidades – normalmente assoberbadas com todo tipo de carência – não investem o suficiente nos sistemas policial e judiciário, ou ainda porque nas áreas urbanas há menor cooperação para o cumprimento da lei.

O propósito aqui é mais descritivo que analítico: mais do que escolher entre as hipóteses acima mencionadas, o objetivo é simplesmente determinar até que ponto há uma ligação evidente entre o tamanho da cidade e a predominância do crime na América Latina. Isso não é fácil, uma vez que as estatísticas a respeito da criminalidade são escassas e, quando existem, raramente podem ser comparáveis entre países.

Felizmente, o sistema de pesquisa do Latinobarômetro pode ser utilizado para estudar a correlação entre criminalidade e tamanho da cidade. Esse sistema apresenta diversas vantagens. Em especial, fornece dados comparáveis sobre índices de criminalidade (no caso, com vítima) de dezessete países da região e, mais importante ainda, de um grande número de cidades em cada país. O Latinobarômetro fornece dados sobre índices de criminalidade com vítima em mais de oitenta cidades da América Latina, incluindo todas as maiores cidades da região.

Continua na página seguinte

Quadro 1.4 (continuação)

Diagrama 1.15 Tamanho das cidades e criminalidade na América Latina

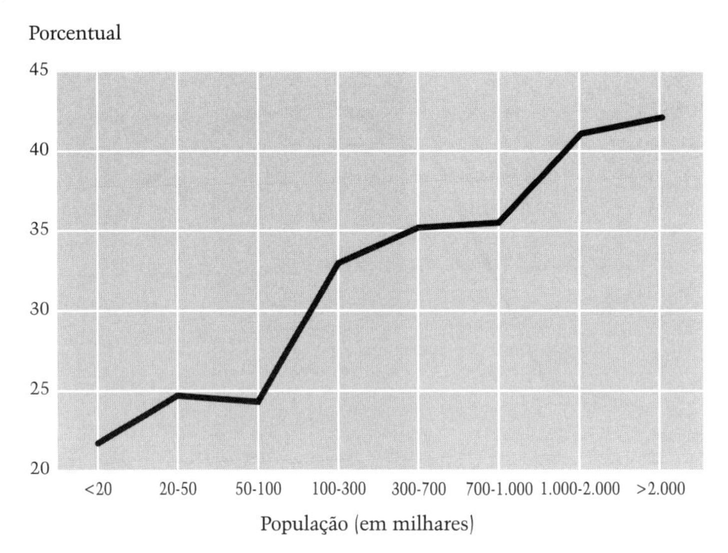

Fonte: GAVIRIA e PAGÉS (2002).

O Diagrama 1.15 mostra o padrão de índices de criminalidade com vítima *vis-à-vis* o tamanho da cidade. A relação é claramente ascendente, embora não exatamente linear. (Os índices de criminalidade medem a proporção de famílias que deram queixa de que ao menos um de seus membros foi vítima de algum crime durante os últimos doze meses.) Podemos distinguir, no geral, três grupos de cidades: um primeiro grupo, composto de cidades com menos de 100 mil habitantes, que apresentam, em média, baixos índices de criminalidade; um segundo grupo, com cidades que têm entre 100 mil e 1 milhão de habitantes, onde os índices de criminalidade são intermediários; e um terceiro grupo, com cidades cuja população é superior a 1 milhão de habitantes, que apresentam altos índices de criminalidade.

Gaviria e Pagés (2002) mostram que a ligação evidente entre criminalidade e população ocorre não apenas em termos gerais, mas também, e sem exceção, em cada país da América Latina. Algo semelhante pode ser percebido se analisarmos outras fontes de informação e outras regiões do mundo. Os Diagramas 1.16 e 1.17 mostram, por exemplo, que a relação entre criminalidade e tamanho da cidade é bastante forte na Colômbia e claramente perceptível nos Estados Unidos.

Gaviria e Pagés também demonstram que há uma correlação evidente entre criminalidade e crescimento da população. Em conseqüência, não apenas a criminalidade é maior nas grandes cidades como também as cidades que cresceram mais rapidamente enfrentam a mesma situação de calamidade. Em muitos casos, naturalmente, o crescimento populacional é mais rápido nas cidades maiores, que continuam recebendo novos habitantes, ao mesmo tempo que, impotentes, assistem ao crescimento do crime e da violência.

Continua na página seguinte

Quadro 1.4 (continuação)

Diagrama 1.16 Tamanho das cidades e criminalidade nos Estados Unidos

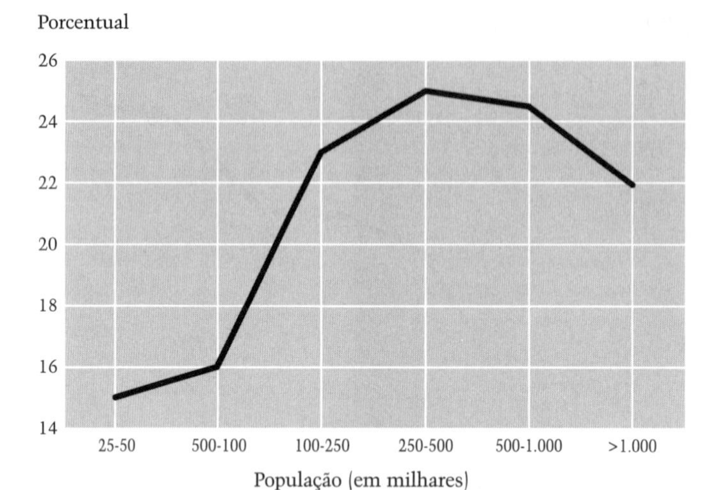

Fonte: GLAESER e SACERDOTE (1996).

Diagrama 1.17 Tamanho das cidades e criminalidade na Colômbia

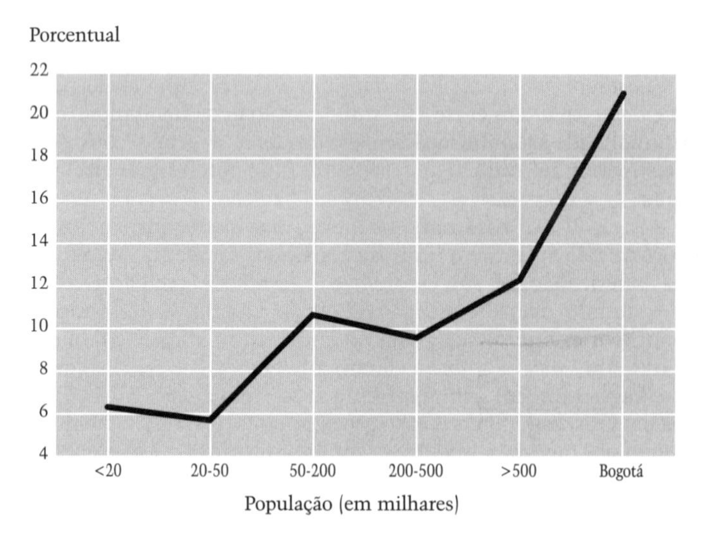

Fonte: GAVIRIA e PAGÉS (2002).

Continua na página seguinte

Quadro 1.4 (continuação)

É bastante difícil, se não impossível, por falta de dados, examinar a hipótese mencionada relativa à associação evidente entre criminalidade e tamanho da cidade. No entanto, alguns indícios parecem contradizer as duas primeiras hipóteses (número maior de vítimas nas grandes cidades ou porcentual maior de criminosos em potencial). Gaviria e Pagés mostram que a associação evidente entre criminalidade e tamanho da cidade continua existindo mesmo após se ter controlado a riqueza dos habitantes e as características sociais e econômicas das cidades. Isso não aconteceria se houvesse mais criminalidade nas grandes cidades por causa da presença de vítimas mais adequadas e em maior número, ou da presença de maior proporção de indivíduos cujo risco de cometer crimes fosse maior (jovens, migrantes ou a juventude que está fora do sistema educacional).

As cidades da América Latina enfrentam atualmente muitos desafios: elas têm de lidar não apenas com a crescente demanda por serviços públicos e infra-estrutura, mas também garantir segurança aos cidadãos em um ambiente cada vez mais complicado. Não existem respostas fáceis para o problema da violência urbana. É evidente, porém, que é preciso investir no policiamento, e os fatores de risco mais óbvios (álcool e armas) têm de ser controlados. Não se pode esquecer também que, quando as forças que comandam o crime ganham impulso, é difícil impedi-las de agir.

Além disso, a concentração da atividade econômica de um país em uma única cidade pode ter conseqüências perniciosas. As principais cidades influentes em geral são obrigadas a subsidiar as regiões estagnadas, e os subsídios podem, por sua vez, causar toda sorte de distorções. Além disso, as cidades principais excessivamente influentes podem provocar ressentimento e exacerbar conflitos étnicos e raciais.

Após sintetizar os aspectos negativos, é preciso dizer que o fato de serem grandes pode trazer vantagens às cidades e também a seus habitantes. As grandes cidades possuem importantes economias de escala no fornecimento dos serviços públicos básicos, incluindo educação e saúde. Também tiram bastante proveito da concentração econômica, que tem origem tanto no excedente de conhecimento no interior das indústrias como na interação entre elas. E, por fim, grandes cidades produzem grandes mercados, os quais, por sua vez, facilitam a divisão do trabalho e reduzem os custos de transporte. Todas essas forças certamente devem tornar as principais cidades mais produtivas, transformando-as, conseqüentemente, em pontos focais para qualquer estratégia de estímulo ao crescimento econômico.[17]

Por conseguinte, o desenvolvimento econômico da América Latina irá depender profundamente do destino de suas principais cidades. Se elas forem incapazes de aproveitar suas numerosas possibilidades e de lidar com seus crescentes problemas, o desenvolvimento econômico será bastante difí-

17 Para uma análise completa das numerosas forças concentradoras que influenciam a produtividade das cidades, ver GLAESER (1998).

cil, para dizer o mínimo. Portanto, é aqui que se encontra um dos maiores desafios para a região nos próximos anos.

A geografia terá importância no futuro?

As seções anteriores analisaram como os cinco canais da geografia física e humana – produtividade agrícola, condições de saúde, desastres naturais, acesso aos mercados e urbanização – podem afetar o desenvolvimento econômico e social. Mas as relações entre conseqüências do desenvolvimento e características geográficas podem ser fruto de influências *passadas* que não afetam mais o potencial de um futuro desenvolvimento. Assim, esta seção reúne esses elementos para avaliar se, ou até que ponto, é possível esperar que a geografia venha a ter importância no futuro.

O primeiro passo para responder a essa pergunta, obviamente, é controlar o passado e estabelecer, com base na experiência mundial recente, se a geografia ainda é importante no que diz respeito às futuras possibilidades de desenvolvimento. Para isso, é preciso selecionar um conjunto de indicadores simples que sintetizem os principais canais de influência da geografia, como mostra o Diagrama 1.18.

Diagrama 1.18 A importância da geografia: diferenças regionais

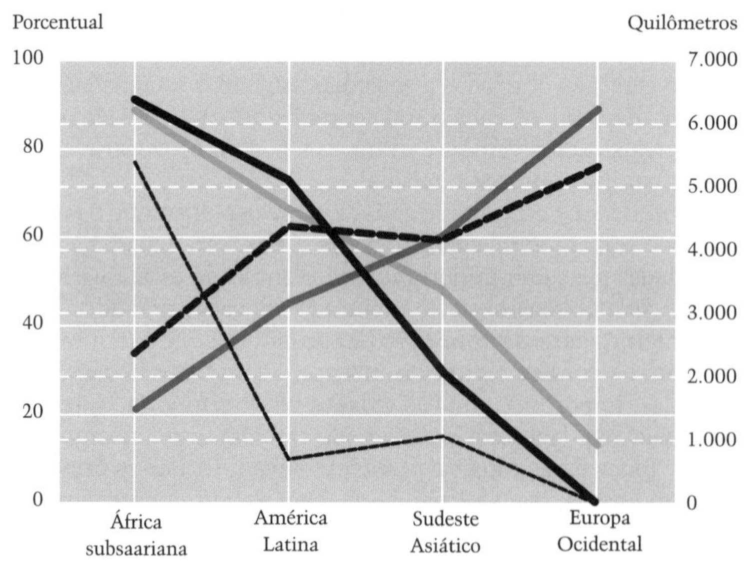

Classificação das regiões por nível de renda

Terra nos trópicos (%)
Distância do principal mercado (km)
Participação da população urbana (%)
População distante até 100 km do litoral ou de um rio (%)
Índice de malária (%)

Fontes: Instituto de Pesquisa de Sistemas Ambientais (1996), TOBLER (1995), PNUD (1996) e OMS (1997).

O primeiro indicador é a localização tropical, um substituto para as desvantagens tecnológicas da produtividade da terra e da agricultura, que é medido pelo porcentual da área do país dentro dos trópicos geográficos. O segundo indicador, a preponderância da malária, é a principal medida do ônus da doença provocado por fatores puramente geográficos. Ele é um índice que considera tanto o porcentual da população com risco de contrair malária quanto o porcentual da população infectada que sofre dos tipos mais graves de malária.[18] O terceiro indicador reflete a proximidade dos países de cada região dos principais mercados mundiais, medindo a distância em quilômetros da capital do país de Tóquio, Nova York e Roterdã. Quarto, o acesso interno do país ao mar é medido pelo porcentual da população que mora dentro de uma faixa de 100 km da costa ou de um rio navegável que deságüe no oceano. Para países que não têm saída para o mar, o porcentual será zero. Finalmente, a urbanização é medida como o porcentual da população que mora em áreas urbanas (de acordo com a definição para cada país; ver PNUD, 1996).

Esses cinco indicadores simples fornecem uma boa síntese das vantagens ou desvantagens geográficas de cada uma das principais regiões do mundo.[19] A América Latina como um todo se sai razoavelmente bem se comparamos seus atributos geográficos com os do restante do mundo em desenvolvimento. Com exceção da Bolívia e do Paraguai, os países latino-americanos têm bom acesso ao mar. A população está majoritariamente concentrada no litoral. Todos os países em torno do Caribe estão próximos do grande mercado norte-americano. A maioria dos países tem elevados índices de urbanização. Por causa da latitude ou da altitude, a agricultura da região tira proveito de extensas áreas de clima temperado. A maioria das doenças transmitidas pela água, inclusive a malária, não tem a virulência que se vê na África.

Essa geografia favorável é responsável pelo fato de muitos dos países tropicais de renda mais alta do mundo estarem na América Latina. Porém, embora em termos de geografia e de níveis de renda possamos comparar favoravelmente a América Latina com o restante do mundo em desenvolvimento, ela não se sai bem em nenhum desses aspectos quando comparada com os países altamente industrializados da Europa e da América do Norte, nem com o Japão e a Austrália. Além disso, a relação de cada um desses indicadores geográficos com níveis de renda não esclarece se eles continuarão a ser relevantes para o desenvolvimento econômico futuro.

Por exemplo, os níveis de renda podem ser influenciados por processos históricos que dependem da geografia, enquanto o desenvolvimento econômi-

---

18 Descrições mais detalhadas dessas variáveis podem ser encontradas em GALLUP; SACHS; MELLINGER (1999).

19 Observem que falta um indicador sintético para um de nossos canais de influência da geografia, a saber, a propensão de que ocorram desastres naturais. No entanto, em uma das regressões apontadas na Tabela 1.9, utilizamos como indicador aproximado os índices de comunicação de mortes provocadas por terremotos e erupções vulcânicas entre 1902 e 1996, calculados com base em dados compilados pelo Gabinete de Ajuda em Situações de Desastre no Exterior (1999).

co futuro seria amplamente independente da geografia física. A "nova geografia econômica" esposada por Paul Krugman e outros segue essa linha de raciocínio (Fujita; Krugman; Venables, 1999). Lugares que apresentam vantagens geográficas iniciais servem de catalisadores para redes de desenvolvimento; porém, uma vez estabelecidas as redes, a geografia física deixa de ter impacto sobre a atividade econômica. As forças de aglomeração podem criar uma geografia econômica diferenciada mesmo que, no princípio, houvesse pouca variação geográfica.

O processo endógeno descrito nos modelos de geografia econômica reforça e amplifica o impacto direto da geografia física e ajuda a explicar a dinâmica do processo. Portos naturais, por exemplo, tornam-se aspectos centrais para o desenvolvimento das cidades, podendo tornar-se mais predominantes ao longo do tempo se as economias de aglomeração excederem os custos do congestionamento. Entretanto, se esses processos predominarem, é improvável que venhamos a descobrir uma relação clara entre geografia e crescimento econômico, uma vez mantidas sob controle as condições iniciais. Será que é verdade, por exemplo, que Hong Kong e Cingapura ainda dependem do excelente acesso às principais rotas marítimas para o êxito de suas economias? Ou isso foi importante só como um impulso inicial? Será que o peso da doença na África é apenas um reflexo da pobreza do continente, por obra talvez do acaso da colonização, ou será um entrave independente ao desenvolvimento africano porque está relacionado ao clima tropical?

Para avaliar a importância duradoura da geografia para o desenvolvimento econômico, o restante desta seção examina as relações de uma ponta a outra das variáveis geográficas com o desenvolvimento econômico, fazendo o controle de outras importantes determinantes do crescimento, inclusive as condições iniciais. Isso permite medir o impacto dos fatores geográficos sobre as atuais perspectivas econômicas de crescimento. Embora a apresentação a seguir não seja técnica, o leitor mais curioso, que deseja se inteirar dos detalhes, poderá encontrá-los na Tabela 1.9

A influência da geografia natural e humana sobre o crescimento

Iniciamos com uma equação básica semelhante às encontradas em Barro e Sala-i-Martin (1995), na qual o crescimento da renda média entre 1965 e 1990 é uma função da renda inicial em 1965, do nível inicial de educação em 1965 (medido pelo número médio de anos de freqüência à escola secundária), do logaritmo da expectativa de vida ao nascer em 1965, da abertura da economia ao comércio internacional e da qualidade das instituições públicas.[20] Percebemos que os resultados padrão dessas variáveis – a dependência de outras variáveis, o crescimento mais rápido dos países mais pobres e

20 As datas são determinadas pela disponibilidade de dados. As condições específicas das variáveis utilizadas encontram-se em GALLUP; SACHS; MELLINGER (1999).

a produção – são uma função crescente da educação, da expectativa de vida, da abertura e da qualidade das instituições públicas. Enfatizamos o fato de que esses resultados dependem de outros fatores porque, como vimos, grande número de países mais pobres não cresce mais depressa que os países mais ricos. Como veremos a seguir, isso se deve em grande medida às condições geográficas desfavoráveis. Acrescentamos a essas variáveis diferentes combinações de variáveis geográficas que nos permitem testar a consistência e a solidez dos resultados. Descobrimos que os cinco indicadores básicos da geografia física e humana descritos anteriormente demonstram de maneira consistente os sinais esperados e são, em geral, altamente significativos.

De acordo com esses resultados, os países localizados inteiramente nos trópicos crescem cerca de 0,3 ponto porcentual a menos que os países não-tropicais. Embora uma simples estimativa não seja significativa, quando a tropicalidade entra em interação com níveis de renda iniciais o resultado torna-se bastante significativo. Depreende-se dos coeficientes calculados que, se tudo o mais for igual, um país inteiramente localizado dentro dos trópicos que começa com um nível *per capita* de renda do dobro de outro país tropical conseguirá crescer 0,7 ponto porcentual mais rápido. Como se pode perceber intuitivamente, as limitações impostas pela geografia natural tornam-se menos restritivas à medida que os países ficam mais ricos.[21] Essa é uma notícia boa e ruim ao mesmo tempo, uma vez que confirma que geografia não é destino – afinal, também existem alguns países ricos nos trópicos; ela indica, porém, que o esforço inicial necessário para romper com a pobreza é muito maior para um país tropical que para um não-tropical. É preciso um empurrão mais forte para decolar nos trópicos.

Os resultados também corroboram a hipótese de que as condições de saúde relacionadas à geografia podem ser um obstáculo importante para o desenvolvimento. Tudo o mais permanecendo igual, os países com alto risco de malária crescem 0,6 ponto porcentual mais devagar que os países onde ela foi erradicada. A estimativa de um impacto tão grande da malária no crescimento econômico é impressionante, em especial levando-se em conta que as estimativas em relação às condições gerais de saúde (expectativa de vida) e à influência geral do trópico estão sob controle. O único país das Américas com um índice de malária igual a 1, o Haiti, é também o país mais pobre do hemisfério. A redução da malária poderia dar grande impulso econômico ao Haiti e a outros países latino-americanos.

Há alguns indícios de que os desastres naturais também podem afetar o crescimento. Embora nos falte um indicador adequado em relação a essa influência da geografia, existe um indicador da mortalidade provocada por terremotos e erupções vulcânicas entre 1902 e 1996 que se relaciona de maneira inversa e significativa com o crescimento (após controlar os outros

---

21 Os resultados poderiam sugerir que, eventualmente, os países tropicais com níveis de renda acima de determinado patamar podem crescer ainda mais rápido. No entanto, o número de registros além desse patamar é muito pequeno para permitir essa conclusão.

Tabela 1.9 Determinantes do crescimento do PIB *per capita* entre 1965-90

Variável independente	*[1]*	*[2]*	*[3]*	*[4]*	*[5]*	*[6]*	*[7]*	*[8]*
Padrão de comparação PIB *per capita*, 1965 (log)	–2,329	–2,533	–2,908	–2,878	–3,239	–2,880	–3,893	–3,994
	(–7,64)	(–7,28)	(–6,91)	(–7,02)	(–7,46)	(–5,65)	(–9,47)	(–10,20)
Anos de escolaridade secundária, 1965 (log)	0,265	0,177	0,057	0,108	0,029	0,015	0,038	0,074
	(1,85)	(1,20)	(0,42)	(0,71)	(0,21)	(0,10)	(0,19)	(0,55)
Expectativa de vida, 1965 (log)	6,506	4,731	4,608	4,702	3,839	3,953	5,351	4,059
	(7,30)	(4,27)	(4,40)	(4,24)	(4,34)	(4,52)	(4,93)	(4,07)
Abertura comercial, 1965-90 (0-1)	1,889	1,795	2,110	1,864	1,866	1,950	1,590	1,587
	(5,47)	(4,58)	(5,15)	(5,02)	(3,97)	(4,03)	(3,01)	(3,58)
Qualidade institucional (0-1)	0,282	0,357	0,390	0,431	0,382	0,345	0,484	0,468
	(3,30)	(3,32)	(3,52)	(4,40)	(3,75)	(3,33)	(3,61)	(4,25)
Geografia física								
Parte do território nos trópicos (0-1)		–0,333	–8,915	–8,311	–8,180	–5,842	–9,504	–10,681
		(–0,73)	(–2,86)	(–2,70)	(–2,86)	(–1,76)	(–3,41)	(–3,64)
Parte do território nos trópicos vezes (log) PIB *per capita* em 1965			1,111	1,107	0,992	0,682	1,184	1,293
			(2,82)	(2,77)	(2,74)	(1,62)	(3,37)	(3,54)
Índice de malária falciparum, 1965 (0-1)		–1,404	–0,902	–1,113	–0,602	–0,717	–0,650	–0,717
		(–2,39)	(–1,64)	(–2,05)	(–1,26)	(–1,43)	(–1,14)	(–1,19)
Índice de terremotos e vulcões (0-1)				–1,651				
				(–3,06)				
Geografia humana								
População urbana, 1965 (porcentual)					2,249	1,457	2,290	2,471
					(2,86)	(1,71)	(2,70)	(3,46)

	(1)	(2)	(3)	(4)	(5)	(6)	(7)	(8)
População num raio de 100 km da costa (0-1)					0,602 (1,26)		2,710 (1,73)	1,977 (2,13)
Distância dos principais mercados (log)					–5,90 (–1,08)	–2,93 (–0,48)	–7,29 (–1,16)	–6,85 (–1,17)
Densidade da população litorânea, 1994 (log)						0,170 (2,25)		
Densidade da população do interior, 1994 (log)						0,087 (–1,19)		
Infra-estrutura								
Extensão total das rodovias, 1965 (log)							0,196 (1,22)	
Participação da população litorânea (log) vezes extensão das rodovias							–0,244 (–1,50)	
Capacidade de geração de energia, 1965 (log)								0,220 (1,55)
Participação da população litorânea (log) vezes capacidade de geração de energia								–0,223 (–1,93)
Constante	–8,792 (–2,92)	0,014 (0,003)	3,143 (0,75)	2,329 (0,53)	7,811 (2,11)	4,878 (1,11)	4,580 (0,96)	11,175 (2,43)
R^2	0,70	0,75	0,77	0,79	0,79	0,80	0,84	0,85
Registros	77	77	77	72	76	76	58	71

Obs.: PIB = Produto Interno Bruto. Estatísticas *t* estão entre parênteses.
Fonte: Cálculos do autor.

principais determinantes do crescimento, inclusive as variáveis geográficas físicas). O problema dessa variável é que ela capta apenas alguns tipos de desastres, e como a mortalidade provocada por determinado desastre natural depende da pobreza do país, ela não constitui uma causa independente do desenvolvimento. Por essa razão, ela é excluída de outras regressões.

A hipótese de que os padrões de fixação da população estão intimamente relacionados com o crescimento encontra forte respaldo nos indícios econométricos. Áreas cujas populações estão distantes do litoral apresentam índices de crescimento mais baixo. As estimativas também sustentam a teoria de que existem efeitos de aglomeração decorrentes da concentração de população no litoral, mas um retorno decrescente em relação ao adensamento populacional no interior. Os países com alta densidade populacional na região litorânea crescem mais depressa, e os países com alta densidade populacional no interior crescem mais devagar. Os resultados sugerem que a distância dos mercados internacionais também afeta o crescimento. Em geral, contudo, a precisão dos cálculos é um pouco baixa, e os elementos das estimativas variam significativamente de uma especificação para outra, sugerindo que podem entrar em cena fatores específicos de cada país.

Por fim, as estimativas confirmam firmemente a hipótese de que as vantagens econômicas da urbanização superam os custos, possibilitando que os países mais urbanizados cresçam mais depressa. Tudo o mais permanecendo igual, o país que começa com um índice de urbanização 50 pontos porcentuais acima de outro deverá crescer a um índice cerca de 1 ponto porcentual maior. Isso também representa um respaldo à tese do grande empurrão, só que aplicada ao processo de urbanização.

Influências geográficas sobre as diferenças de crescimento entre as regiões

A Tabela 1.10 apresenta o impacto estimado de variáveis específicas sobre as diferenças de crescimento entre a América Latina, os países industriais e o leste da Ásia. O crescimento médio do PIB *per capita* dos países latino-americanos entre 1965-90 foi de 0,9% ao ano, menos da metade do índice de crescimento de 2,7% dos países da OCDE, e muito inferior aos fantásticos 4,6% de crescimento anual do Leste e do Sudeste Asiático. A linha "total explicado" na tabela mostra a soma da contribuição prevista das variáveis explicativas, estando bastante próxima das diferenças reais nas taxas regionais de crescimento.

O primeiro bloco de variáveis explicativas inclui os controles que captam as condições iniciais (que não sejam geográficas) e as características políticas e institucionais dos países. Esses fatores explicam cerca de um terço da diferença de crescimento de quase 1,7 ponto entre a América Latina e os países industriais, e 3,3 dos 3,8 pontos da diferença de crescimento entre a América Latina e os países do Leste Asiático. A maior parte dessas diferenças decorrem do fato de que as políticas e as instituições têm favorecido menos o crescimento na América Latina do que nos outros dois grupos de países.

Fatores geográficos explicam grande porção da diferença de crescimento remanescente entre a América Latina e os países industriais, mas não entre a América Latina e o Leste da Ásia. Os países industriais contam com fatores geográficos físicos e humanos mais favoráveis, e cada um dos quais explica cerca de um terço da diferença de crescimento. As principais vantagens dos países industriais derivam do fato de eles estarem localizados em zonas temperadas e de terem índices mais elevados de urbanização. A América Latina e o Leste da Ásia têm características geográficas semelhantes, e apenas uma pequena fração da diferença de crescimento entre as duas regiões pode ser atribuída à geografia. Além disso, os fatores geográficos tenderiam a fazer que o Leste da Ásia crescesse ligeiramente menos que a América Latina. Esse ponto é crucial, porque ele reforça o argumento de que geografia não é destino e que políticas e instituições adequadas conseguem compensar seus efeitos adversos.

A esta altura convém analisar o quanto desse ditado a respeito da geografia pode ser compensado por políticas de infra-estrutura. Embora essa questão diga respeito naturalmente ao Capítulo 3, onde receberá maior aten-

Tabela 1.10 Decomposição da diferença de crescimento do PIB *per capita* entre a América Latina e outras regiões do mundo entre 1965-90

	Com respeito a	
Variáveis	*Países industriais*	*Leste da Ásia*
Padrão de comparação	0,564	3,293
PIB *per capita*, 1965 (log)	–3,499	1,404
Anos de escolaridade secundária, 1965 (log)	0,025	0,008
Expectativa de vida, 1965 (log)	0,755	0,017
Abertura comercial, 1965-90 (0-1)	1,487	1,227
Qualidade institucional (0-1)	1,796	0,637
Geografia física	0,682	–0,519
Parte do território nos trópicos (e sua interação com a renda)	0,594	–0,392
Índice de malária falciparum, 1965 (0-1)	0,088	–0,127
Geografia humana	0,598	–0,101
Porcentual da população urbana, 1965	0,423	–0,042
População litorânea	–0,007	0,135
Distância dos principais mercados	0,183	0,008
Geografia total	1,280	–0,418
Total explicado	1,844	2,875
Total observado	1,697	3,771
Inexplicado	–0,147	0,895

Fonte: Cálculos do autor baseados na regressão [5] da Tabela 1.9.

ção, podemos aproveitar os resultados econométricos que acabamos de analisar para avaliar o impacto da infra-estrutura sobre as possibilidades de crescimento e para analisar se ela é capaz de contrabalançar condições geográficas adversas.

Em princípio, a infra-estrutura pode ajudar a superar muitos dos obstáculos impostos pela geografia, mas a um custo que com freqüência está fora do alcance dos países pobres. Nas áreas onde a geografia apresenta problemas particularmente difíceis – como as regiões montanhosas, as zonas tropicais úmidas onde o solo e as chuvas torrenciais dificultam a construção de rodovias duráveis, e nas regiões distantes do mar ou sem portos naturais adequados –, a construção dessa infra-estrutura é mais dispendiosa que nas áreas litorâneas temperadas. Além disso, os investimentos podem ser menos produtivos que nas áreas bem aquinhoadas, que sustentam uma atividade econômica muito maior.

Para verificar se o investimento em infra-estrutura é menos produtivo nos ambientes geográficos difíceis, examinamos se a infra-estrutura tem um impacto menor sobre o crescimento econômico nos países com acesso limitado ao litoral. Nos países que não têm acesso ao mar, o estoque inicial de estradas e a capacidade inicial de geração de eletricidade apresentam correlação inegável com o crescimento subseqüente, mas em níveis baixos de importância. Nos países com acesso ao mar, não há nenhum efeito significativo da infra-estrutura sobre o crescimento subseqüente (após considerar as políticas, as instituições e assim por diante). Os resultados sugerem que deve haver algum espaço para obter melhores taxas de retorno da infra-estrutura nas áreas não-litorâneas, porém o efeito está longe de ser garantido. Essa associação frágil pode refletir o fato de que a qualidade dos investimentos é determinada mais pela qualidade das instituições e pela amplitude da corrupção do que pelas condições geográficas.[22]

A geografia tem sido e continua sendo um importante, porém não insuperável, obstáculo para o desenvolvimento da América Latina. Este capítulo apresentou, com pinceladas amplas, as quatro faces desse relacionamento. Mas o quadro está incompleto. Os detalhes, as nuances, na verdade as exceções que diferenciam um instantâneo da vida real, estão expostos nos estudos de caso do próximo capítulo. Eles irão fornecer mais provas de que a influência da geografia pode variar tanto quanto o próprio tempo.

22 Para uma análise dos efeitos perniciosos da corrupção sobre a qualidade dos investimentos em infra-estrutura, ver TANZI; DAVOODI (1997).

2

O outro lado da montanha: a influência da geografia nos países

ESTE capítulo reexamina a ligação entre geografia e desenvolvimento econômico utilizando um nível de análise mais refinado.[1] Enquanto o capítulo anterior mostrou que as condições geográficas podem responder por uma porção relativamente grande das diferenças de desenvolvimento *entre* os países e as regiões do mundo, este capítulo busca traçar a influência da geografia *dentro* dos países. Dados relativos às províncias e aos estados de cinco países latino-americanos mostram os complexos canais pelos quais o clima, a localização e outras características geográficas afetam a produtividade, o crescimento econômico, a saúde e outros resultados do desenvolvimento.

O Capítulo 1 revelou diversas associações empíricas entre geografia e desenvolvimento. Embora essas associações sejam razoavelmente sugestivas, elas nem sempre impõem um elo causal. Na verdade, é possível argumentar que a ligação entre geografia e desenvolvimento é guiada por fatores institucionais não-observados que, por motivos históricos, entre outros, estão correlacionados a condições geográficas. O aspecto importante neste caso é que, em geral, os estudos de países – e em especial os apresentados aqui – estão menos sujeitos a esse tipo de crítica, quanto mais não seja porque muitas instituições formais e hábitos culturais variam muito menos entre as regiões de um mesmo país do que entre países.

Os estudos de país oferecem duas vantagens complementares. Em primeiro lugar, permitem que se identifiquem de maneira mais cuidadosa os diferentes caminhos pelos quais a geografia influencia o desenvolvimento. Em segundo, possibilitam a combinação de dados estatísticos com evidên-

---

1 Os estudos da Rede Latino-americana de Pesquisa, base deste capítulo, estão disponíveis em <http://www.iadb.org/RES>.

cias históricas e etnográficas mais detalhadas. Em suma, esses estudos proporcionam um excelente complemento à evidência empírica mais geral (e, conseqüentemente, mais vaga) apresentada no Capítulo 1.

É importante observar também que, como as pessoas em geral podem se movimentar mais livremente no interior dos países do que de um país para outro, os estudos de país proporcionam um teste claro da presença dos efeitos da geografia. De fato, se a migração atenua os efeitos da geografia – como se esperaria dada a tendência das pessoas de fugir das condições adversas –, esses efeitos devem ser muito menores dentro dos países. Em conseqüência, se constatamos que as forças da geografia desempenham, de fato, um papel no interior dos países, isso é uma indicação de que as mesmas forças desempenharão papel mais importante ainda no contexto mais amplo dos países e regiões do mundo.

Este capítulo concentra-se em cinco países latino-americanos: Bolívia, Brasil, Colômbia, México e Peru. A escolha desses países não é, de maneira nenhuma, arbitrária. Todos apresentam duas características que os tornam excelentes laboratórios naturais para estudar as conexões entre condições geográficas e desenvolvimento econômico. Primeiro, exibem enormes desigualdades regionais; segundo, estão entre os países do mundo mais diversificados geograficamente. O desafio é estabelecer até que ponto as diferenças de condições de vida entre as regiões desses países são provocadas por diferenças das condições geográficas.

Um conjunto distinto de questões é examinado com relação a cada país. Nesse sentido, o capítulo assemelha-se a um vago relato de viagem no qual o viajante concentra-se em um aspecto diferente de cada país, sem se preocupar muito sobre como as diferentes peças irão se encaixar. Caso tivéssemos decidido nos concentrar no mesmo conjunto de questões em cada país, teríamos podido formular comparações mais exatas; isso teria ocorrido, porém, à custa de perder a diversidade de foco e de metodologia que confere ao capítulo grande parte de seu atrativo.

Começamos nossa viagem pelo México, onde nos concentramos no grau de desigualdade regional e no papel das condições geográficas no surgimento e na persistência dessas desigualdades. Mostramos que a geografia pode explicar parte substancial das desigualdades regionais, tanto em termos de resultados socioeconômicos quanto de instituições políticas. Na Bolívia, nossa atenção se voltou para as dinâmicas do desenvolvimento regional, com ênfase especial na revelação de fatores geográficos e econômicos que estão por trás do crescente predomínio da região de Santa Cruz e seus arredores. Da Bolívia passamos para a Colômbia, onde também nos concentramos nas questões do desenvolvimento regional. A ênfase recai sobre o estudo dos motivos pelos quais a atividade econômica na Colômbia passou a se concentrar cada vez mais ao redor dos centros urbanos, especialmente Bogotá. Concluímos nossa excursão pelos países andinos no Peru, onde verificamos se as diferenças de condições geográficas entre as províncias podem explicar as diferenças correspondentes de condições de bem-estar e saúde. A última etapa de nossa viagem leva-nos ao Brasil, onde estudamos os efeitos das condições climáticas sobre o predomínio das doenças respiratórias, as provocadas pela água e transmitidas por agentes.

México

País quase todo localizado nos trópicos e caracterizado por condições geográficas diversificadas, o México pode ser dividido em três grandes áreas geográficas: as regiões litorâneas tropicais, o norte seco e quente e a região montanhosa central relativamente temperada.[2] Uma característica singular da geografia mexicana é sua extensa fronteira com os Estados Unidos. Historicamente, os fluxos comerciais e populacionais têm sido dominados pela presença do rico vizinho do Norte.

A acidentada geografia do México inclui tanto cadeias de montanhas quanto extensas áreas costeiras. A presença de montanhas e de regiões costeiras exercem grande influência na determinação das condições climáticas locais. Em termos gerais, as áreas secas constituem 40% do território nacional, as tropicais, 20% e as temperadas, os 40% restantes.

Assim como as condições climáticas mudam de maneira substancial de um lado a outro no país, as condições de vida mudam dramaticamente de um estado mexicano para outro. A renda *per capita* do estado mais rico do México (o Distrito Federal) é mais de cinco vezes superior à do estado mais pobre (Oaxaca). Diferenças semelhantes repetem-se no que diz respeito aos índices de analfabetismo e ao acesso a serviços públicos. O índice de analfabetismo feminino está bem acima de 30% em Chiapas e abaixo de 5% no Distrito Federal e em Nuevo León. Igualmente, em Oaxaca menos da metade das casas tem acesso à rede de esgoto, ao passo que no Distrito Federal quase todas as casas estão ligadas a algum tipo de sistema de coleta de esgoto.

O Mapa 2.1 (p.110) mostra os estados mexicanos e as diferenças de renda *per capita* entre eles. Os estados mais ricos localizam-se ao norte, com duas exceções: o Distrito Federal e Campeche. O primeiro abriga os órgãos do governo e é o centro financeiro e comercial do país, enquanto no segundo está localizada grande parte da produção nacional de petróleo. Por sua vez, os estados do Norte são responsáveis por um volume significativo da produção industrial e agrícola do país.

Geografia e instituições

Embora a geografia possa ajudar a explicar as diferenças regionais no México, seus efeitos não são diretos e vão muito além das desigualdades regionais. As instituições são, provavelmente, o mais importante canal por meio

2 Esta seção sobre o México baseia-se em ESQUIVEL (2000) e BLUM; DÍAZ CAYEROS (2002).

do qual a geografia influencia os padrões regionais de desenvolvimento. A geografia definiu as condições iniciais do desenvolvimento institucional do país, e essas condições foram perpetuadas como resultado do caráter dependente da mudança institucional. Isto é, as instituições têm sido um caminho importante por meio do qual algumas características iniciais da paisagem (muitas delas há muito esquecidas) ainda influenciam o desenvolvimento econômico do México.

Consideremos os exemplos a seguir. Estudiosos de diferentes disciplinas vêm analisando há bastante tempo os arranjos institucionais das sociedades pré-hispânicas da região central do México (Harris, 1987; Palerm, 1952; Wittofogel, 1981). Embora adotem metodologias diferentes, todos respeitam o conceito de "sociedades hidráulicas". Isto é, a existência de um grande número de lagos nos vales centrais do elevado planalto mexicano criou a necessidade de controlar as devastadoras enchentes ocasionais e armazenar essas mesmas águas para irrigação. Essas necessidades, por sua vez, deram início a um processo de construção institucional que produziu os tipos de sociedade que os espanhóis encontraram ao chegar ao México no século XVI.

Os astecas, os maias, os mixtecas, os zapotecas e os tarascanos viviam em sociedades despóticas, nas quais rígidas estruturas burocráticas apoiavam-se em uma ampla massa de camponeses sem terra que trabalhavam em pequenos lotes comunitários. Essas sociedades evoluíram para pré-Estados centralizados que dependiam dos tributos dos numerosos povos conquistados. Embora tecnologicamente primitivas sob determinados aspectos, suas instituições sociais eram bastante complexas. A existência de cidades imponentes e populosas demonstram a eficácia desses complexos institucionais. Os conquistadores espanhóis conseguiram adaptar muitas das instituições indígenas existentes para atender a seus próprios objetivos, o que também foi feito pelos políticos que assumiram o poder após a Revolução Mexicana de 1910. O *ejido*, por exemplo, a forma mais comum de propriedade da terra no México moderno e um produto da Revolução, descende diretamente do casamento entre o *ejido* da Espanha medieval – terra comunitária concedida aos vilarejos – e o *calpulli* pré-hispânico, propriedade controlada pelo Estado e cultivada por famílias individuais. As regiões onde se estabeleceram essas civilizações pré-hispânicas "semi-hidráulicas" – a península de Yucatán, os vales do centro do México, Michoacán e Oaxaca – continuam sendo, até hoje, áreas onde a "densidade institucional" encontra-se acima da média nacional, como demonstra a quantidade de municípios. Nessas regiões ainda se podem observar algumas das instituições arcaicas, inclusive o *ejido*, adaptadas ou não às condições atuais do México moderno.

Essa forma comunitária de propriedade da terra tem mantido seu objetivo principal há mais de setecentos anos, a saber, controlar o grande número de comunidades camponesas do México. Originalmente era preciso controlar essas populações para construir e manter as obras de abastecimento de água, necessárias para a sobrevivência das sociedades pré-hispânicas e do México colonial. Mas quando a geografia mudou (os lagos acabaram sendo drenados e as *chinapas* – ilhas artificiais – se transformaram apenas em atração turística), as antigas instituições permaneceram, e seu objetivo original foi redirecionado para atender a novas necessidades.

O Partido Revolucionário Institucional (PRI), fundado pelo "clã revolucionário" no final da década de 1920, foi bem-sucedido na utilização do *ejido* para manter o controle político do país por mais de setenta anos. A distribuição arbitrária de terra entre os camponeses pobres e a criação posterior de novos *ejidos* confinaram a crescente população rural mexicana a regiões específicas, transformando-a em cliente dos chefes políticos locais. Por outro lado, o *ejido* nunca foi adotado nas áreas mais escassamente povoadas no norte do México. A principal prioridade ali nunca foi prender as pessoas à terra, mas antes conviver com as desfavoráveis condições naturais do ambiente. Em conseqüência disso, as instituições locais do norte do México têm sido mais modernas e sensíveis à adoção de novas tecnologias e à exploração de novas fontes de riqueza. Essas diferenças institucionais podem ter relação com a persistência das desigualdades regionais no México. Em resumo, a origem do atual sistema de propriedade da terra nos estados mexicanos mais pobres (os mesmos que permitiram que o PRI se mantivesse no poder) pode recuar até a organização social das sociedades pré-hispânicas, cuja origem, por sua vez, pode recuar até as condições geográficas do México pré-hispânico.[3]

Outro exemplo de que a geografia e o desenvolvimento produzem importantes mudanças institucionais pode ser encontrado em Bajío, região do centro-norte mexicano, durante o início do século XIX. A região é um fértil vale atravessado pelo rio Lerma. A maior parte da terra é plana e relativamente próxima das cidades mineiras de Guanajuato, Querétaro, San Luis Potosí, Zacatecas e Pachuca. Sua população aumentou rapidamente e desenvolveu uma agricultura moderna para abastecer as cidades mineiras vizinhas influenciadas pelo *boom* da prata. Por volta do final do século XVIII, Bajío era o celeiro do México. Em conseqüência, havia duas economias bastante distintas, unidas intimamente em uma área relativamente pequena. De um lado, as economias das cidades mineiras que se apoiavam na exploração da prata e estavam sujeitas ao Estado rentista. De outro, um moderno setor agrícola composto por grandes *haciendas* privadas e pequenos sitiantes independentes, que geravam riqueza agrícola por meio de um trabalho duro e de tecnologias avançadas. Esses sitiantes estavam sujeitos a um ambiente institucional mais limitado e moderno.

Os produtores agrícolas independentes de Bajío dependiam do fluxo contínuo de capital de giro fornecido pela Igreja Católica, uma grande rentista

3 Outra característica peculiar dos estados mexicanos mais pobres é que eles têm grande número de jurisdições políticas (municípios) por milha quadrada. Isso pode ser explicado ou pela natureza mais acidentada (a mobilidade é mais baixa, o que facilita a extração de renda pelos chefes locais) ou pelas instituições de propriedade da terra predominantes (a administração dos *ejidos* exige maior densidade estrutural).

com excesso de liquidez que prestava muitos serviços financeiros à sociedade a taxas moderadas. Como instituição financeira, a Igreja tinha um horizonte de longo prazo. Seus créditos para os fazendeiros do Bajío eram renovados em caráter rotineiro. No início do século XVIII, contudo, o rei da Espanha ordenou que a Igreja do México fornecesse um empréstimo "obrigatório" para financiar as guerras européias em que ele estava envolvido. A Igreja começou a cancelar seus empréstimos. Repentinamente, Bajío foi lançado em uma crise de liquidez. Dezenas de milhares de modernos produtores agrícolas viram-se privados, subitamente, do financiamento essencial. O descontentamento espalhou-se por Bajío, e muitos líderes da Igreja ficaram do lado dos fazendeiros. Um poderoso caldo revolucionário começou a entrar em ebulição. A guerra de independência encontrara, assim, um solo fértil em Bajío, a encruzilhada de duas economias diferentes: a economia rentista e a economia moderna confinada. Os indivíduos habituados a trabalhar em uma moderna e limitada ecologia institucional não iriam aceitar facilmente a opressão da estrutura rentista do Estado. Esse conflito entre um opressivo Estado rentista e os agentes sociais e econômicos que cresceram em uma ecologia institucional mais moderna e limitada tem sido uma constante ao longo da recente história do México.

Geografia e desenvolvimento

Mesmo à primeira vista, ainda hoje é evidente a forte ligação entre geografia e desenvolvimento no México. Os estados secos do Norte são muito mais ricos que os estados tropicais do Sul. A atividade econômica é escassa ao longo da costa e intensa no centro do país. E os recursos naturais estão fortemente concentrados no Sudeste. Essas tendências podem ser confirmadas com métodos estatísticos. Especificamente, os dados relativos ao estado permitem-nos examinar a associação entre PIB *per capita* (medido em 1995) e quatro diferentes grupos de variáveis geográficas: localização, altitude, temperatura e índice pluviométrico. Para evitar problemas originários da alta correlação dos diversos indicadores geográficos, cada associação deve ser examinada separadamente.[4] Não é preciso dizer que o objetivo desse exercício é mais descritivo que analítico, uma vez que essas simples associações não conseguem captar os complexos canais de influência da geografia sobre o desenvolvimento mencionado.

Os principais resultados estão apresentados na Tabela 1.1. A primeira coluna mostra que a latitude está associada de maneira positiva com a renda *per capita*: o aumento de 1 grau (pouco mais de 100 km) está associado ao aumento de renda *per capita* de quase 9%. A renda *per capita* também aumenta à medida que nos movemos do oeste para o leste: o aumento de 1 grau nessa direção está associado a um aumento de 2,5% do PIB *per capita*.

4 O pequeno tamanho da amostra evita a inclusão de todos os grupos ao mesmo tempo, assegurando que as associações de um único grupo não substituam parcialmente os outros grupos.

Tabela 2.1 México: variáveis geográficas e renda *per capita*

	Variável dependente: log da renda per capita, *1995*					
Variável independente	*[1]*	*[2]*	*[3]*	*[4]*	*[5]*	*[6]*
Posição geográfica						
Latitude	0,087** (–3,96)					
Longitude	–0,025 (–1,47)					
Fronteira[a]						
Litoral		–0,078 (–0,55)				
Fronteira Estados Unidos		0,515** (5,15)				
Log da altitude			–0,074* (–1,95)			
Clima[b]						
Úmido				0,005 (1,67)		
Subúmido				0,011** (3,67)		
Semiárido				0,012** (4,00)		
Muito árido				0,014** (7,00)		
Frio				0,052** (5,20)		
Temperatura						0,006** (0,23)
Precipitação						–0,00033 (–2,54)
R^2	0,283	0,222	0,11	0,502	0,002	0,123
Registros	32	32	32	32	32	32

Obs.: Todas as regressões incluem uma constante. As estatísticas *t* estão entre parênteses.

a. Casas por estado (porque a variável excluída é o não-acesso ao mar; os coeficientes medem o quanto os estados litorâneos ou os estados que fazem fronteira com os Estados Unidos são mais ricos em relação aos estados sem acesso ao mar).

b. Casas por estado (neste grupo de variáveis, a variável excluída é temperado, com uma interpretação semelhante).

* Significativo em 10%.

** Significativo em 5%.

Fonte: ESQUIVEL (2000).

A segunda coluna mostra que, contrariamente à evidência internacional apresentada no Capítulo 1, os estados litorâneos do México são mais pobres que os estados que não têm acesso ao mar. Por outro lado, os estados que fazem fronteira com os Estados Unidos são, em média, 50% mais ricos que o restante dos estados da federação mexicana. Esses resultados não devem surpreender, uma vez que, no México, os estados fronteiriços desempenham o papel dos estados litorâneos em outros países. Eles abrigam a indústria exportadora e são os pontos de entrada e de saída dos fluxos comerciais com o maior mercado do mundo.

A terceira coluna mostra que a altitude está associada de maneira negativa com o PIB *per capita*. Não obstante, essa associação torna-se frágil e desaparece quando passamos a considerar o parâmetro da educação (Esquivel, 2000). As diferenças ecológicas estão profundamente associadas aos níveis de renda, como é mostrado na quarta coluna. Regiões frias, que incluem o Distrito Federal, são as mais ricas, enquanto as úmidas são as mais pobres. A quinta e a sexta colunas mostram que a temperatura e o índice pluviométrico estão nitidamente associados ao PIB *per capita*. Blum e Díaz Cayeros (2002) mostram, contudo, que o PIB *per capita* e o índice pluviométrico apresentam notável associação quadrática: estados com índices pluviométricos muito baixos ou muito altos tendem a ser mais ricos que a média, ao passo que estados com níveis de precipitação intermediários (ao redor da faixa de 1000 mm) são os mais pobres.[5]

A julgar pelos resultados estatísticos, as características ecológicas e a proximidade dos Estados Unidos são os principais indicadores do PIB *per capita* do México. Entretanto, estados cujas capitais estão localizadas em uma altitude mais baixa e aqueles que estão localizados longe do litoral também tendem a apresentar níveis de desenvolvimento mais elevados.

Convergência entre estados

Ao discutir o grau das desigualdades regionais no México chegamos a duas conclusões principais. Primeiro, as desigualdades regionais são bastante altas; segundo, estão associadas, de maneira previsível, a umas poucas variáveis geográficas. Entretanto, assim como a influência da geografia, as desigualdades regionais são um traço decorrente do modelo de desenvolvimento do México.

O Diagrama 2.1 mede a evolução da desigualdade no México de 1940 a 1995 utilizando o desvio-padrão do nível de PIB *per capita* por estado (para completa descrição dos dados, ver Esquivel, 1999). A desigualdade regional

5 Esses estados são Colima, Guerrero, Hidalgo, México, Morelos, Nayarit, Oaxaca e Puebla. Entretanto, esses resultados implicariam que é melhor morar no meio do deserto ou em uma área sujeita a temporais constantes do que nas áreas com precipitação mais moderada. Isso é uma indicação de que a chuva provavelmente está substituindo outras variáveis responsáveis por esse padrão.

caiu de maneira acentuada entre 1940 e 1960, tendo permanecido estável daí em diante. Independentemente de incluir os estados produtores de petróleo – Campeche e Tabasco –, os resultados são os mesmos.

As taxas de convergência possibilitam uma visão alternativa da desigualdade regional.[6] A Tabela 2.2 mostra as taxas de convergência entre os estados mexicanos em três períodos diferentes: 1940-95, 1940-60 e 1960-95. As taxas de convergência eram muito elevadas no primeiro período, mas caíram significativamente depois. Ao longo de todo o período, a taxa de convergência entre os estados mexicanos ficou abaixo do padrão internacional de 2% ao ano (Barro e Sala-i-Martin, 1992), o que indica que as desigualdades regionais no México têm-se mantido bastante estáveis se comparadas aos níveis internacionais.

Para lançar um pouco de luz sobre a origem dessa estabilidade, Esquivel (2000) examina a variação ao longo do tempo da classificação dos estados mexicanos de 1940 a 1995. Ele mostra que, embora tenha ocorrido uma movimentação considerável entre os estados de renda superior e média, os

Diagrama 2.1 México: disparidades de renda entre os estados

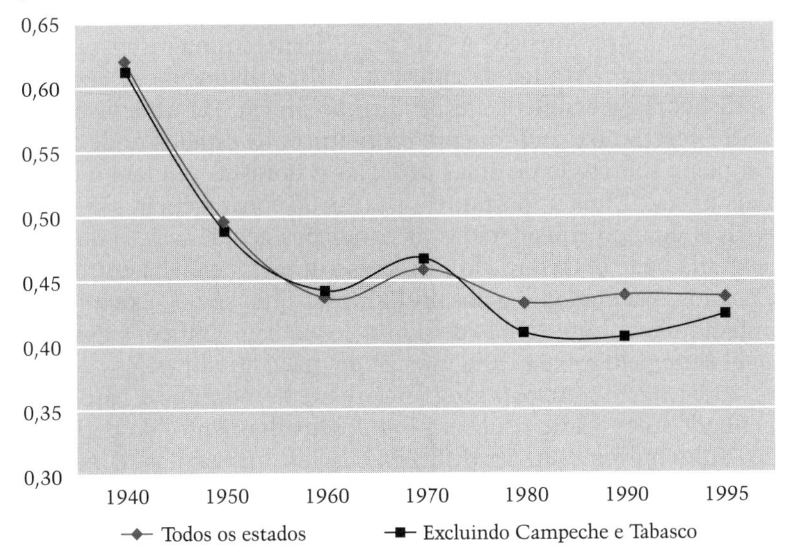

Fonte: ESQUIVEL (2000).

6 As taxas de convergência são calculadas com base na equação:

$$\frac{y_{i,t} - y_{i,t}-\tau}{\tau} = \alpha - [1 - \exp(-\beta)]\, y_{i,t}-\mathrm{r} + u_{i,t}$$

onde $y_{i,t}$ é o log do PIB *per capita* do estado *i* no período *t*; $u_{i,t}$ é um termo aleatório; e b é a taxa de convergência. Deduz-se dessa expressão que, quanto menor a renda inicial, maior a transformação da renda *per capita*. Os valores maiores de b indicam que os estados mais pobres crescem, em média, a taxas mais rápidas.

Tabela 2.2 Taxas de convergência entre estados mexicanos, 1940-95

Variável dependente: taxa de crescimento médio anual da renda per capita *do estado*			
Regressão	*Período*	*Taxa de convergência*	R^2
[1]	1940-95	0,012** (4,00)	0,507
[2]	1940-60	0,032** (3,94)	0,505
[3]	1960-95	0,009* (1,85)	0,134

Obs.: Todas as regressões incluem uma constante. A taxa de convergência é o coeficiente do nível de renda do estado (em logs) no início do período, o qual é a única variável independente na regressão; as estatísticas *t* estão entre parênteses.
* Significativo a 10%.
** Significativo a 5%.
Fonte: ESQUIVEL (2000).

estados situados na base da classificação sempre foram os mesmos. De fato, quatro dos cinco estados mais pobres em 1940 – Chiapas, Guerrero, Michoacán e Oaxaca – também estavam entre os cinco mais pobres em 1995, o que sugere, claramente, que a persistência das desigualdades regionais no México pode ter considerável ligação com a relativa estagnação dos estados mexicanos mais pobres.

As condições geográficas são capazes de explicar a persistência das desigualdades regionais no México? A Tabela 2.3 fornece uma resposta preliminar a essa pergunta. Essa tabela apresenta os resultados de se acrescentar alguns indicadores geográficos à especificação prévia. Há uma visível associação entre vegetação e crescimento econômico: os estados onde a vegetação é composta sobretudo de áreas agrícolas e florestas tendem a crescer a taxas mais baixas. Mais importante, as taxas de convergência são um pouco mais altas quando consideradas as condições geográficas, o que sugere que a geografia pode ter retardado o processo de convergência entre os estados mexicanos. Na verdade, é possível afirmar que, se o México fosse um país completamente homogêneo do ponto de vista geográfico, a desigualdade regional seria pelo menos 20% inferior ao que é atualmente.

Mas o México não é um país geograficamente homogêneo, e esse fato tem desempenhado importante papel em seu desenvolvimento, do período pré-hispânico até o presente. As instituições nascidas há séculos da necessidade geográfica continuam a exercer influência sobre a vida social e política. A altitude, a temperatura, o regime de chuvas e a vegetação estiveram e continuam a estar associados, economicamente, a importantes desigualdades regionais de crescimento e desenvolvimento.

Bolívia

A diversidade geográfica da Bolívia inclui montanhas elevadas a oeste, vales suaves na região central e planícies quentes e úmidas a leste.[7] A Bolívia tem sido dividida tradicionalmente em três regiões geológicas: a região andina

7 Esta seção sobre a Bolívia baseia-se em URQUIOLA et al. (1999) e MORALES et al. (2000).

Tabela 2.3 Geografia e convergência entre estados mexicanos

	Variável dependente: taxa de crescimento da renda per capita *por estado, 1940-95*						
Variável independente	*[1]*	*[2]*	*[3]*	*[4]*	*[5]*	*[6]*	*[7]*
Log de renda *per capita*, 1940	−0,014** (−6,02)	−0,014** (−6,13)	−0,014** (−6,33)	−0,015** (−6,44)	−0,015** (−6,46)	−0,015** (−6,20)	−0,015** (−5,37)
Clima úmido (% da área do estado)	−0,008* (−1,81)	−0,007 (−1,54)	−0,006 (−1,34)	−0,05 (−1,17)	−0,005 (−1,09)	−0,007 (−1,53)	−0,005 (−1,23)
Clima frio (% da área do estado)	0,040** (3,96)	0,040** (3,83)	0,025* (1,86)	0,026* (1,82)	0,025* (1,81)	0,021 (1,44)	0,025* (1,81)
Floresta (% da área do estado)	−0,024** (−2,55)	−0,024** (−2,37)	−0,018** (−2,16)	−0,018** (−2,04)	−0,018* (−1,99)	−0,015** (−2,11)	−0,018* (−1,89)
Vegetação agrícola (% da área do estado)	−0,015** (−3,21)	−0,015** (−2,94)	−0,014** (−3,34)	−0,014** (−3,07)	−0,00013** (−2,76)	−0,013** (−3,59)	−0,013** (−2,87)
Log da distância mínima de alguma cidade fronteiriça dos Estados Unidos		−0,001 (−0,45)	−0,001 (−0,36)				
População urbana, 1940 (% da população do estado)			0,011 (1,69)	0,010 (1,51)	0,011* (1,73)	0,000 (1,10)	0,000 (1,34)
Latitude					0,006 (0,21)		
Acesso a água potável, 1940 (% das casas do estado)						0,009 (0,82)	
Índice de analfabetismo, 1940 (% da população > 15 anos de idade)							−0,002 (−0,13)
R^2 ajustado	0,733	0,736	0,752	0,754	0,753	0,762	0,753
Registros	32	32	32	32	32	32	32
Estatística F	14,266	11,604	12,650	10,523	10,439	10,963	10,426

Obs.: Todas as regressões incluem uma constante. Os erros padrão foram corrigidos por heteroelasticidade segundo o método de White; a estatística *t* está entre parênteses.
* Significativo a 10%.
** Significativo a 5%.

Fonte: ESQUIVEL (2000).

ou montanhosa, a região subandina ou região de vales e a região de planície (ver Mapa 2.2, p.111). Embora essa divisão acarrete considerável simplificação, nós a utilizaremos aqui porque ela é o padrão em grande parte da literatura local, e porque muitos dos dados necessários estão distribuídos de acordo com essa divisão.

As divisões socioeconômicas da Bolívia não coincidem perfeitamente com as regiões geográficas descritas antes. Como mostra o Mapa 2.3 (p.111), a Bolívia possui nove departamentos e mais de cem províncias. Infelizmente, a maioria dos dados relevantes está disponível apenas em nível de departamento, o que significa que é preciso estabelecer alguma correspondência entre departamentos e regiões. Seguindo um comportamento padrão na literatura local, esta seção parte do pressuposto de que a região andina abrange os departamentos de La Paz, Oruro e Potosí; a região subandina, os departamentos de Chuquisaca, Cochabamba e Tarija; e a região de planície, os departamentos de Beni, Pando e Santa Cruz.

A Tabela 2.4 apresenta algumas características básicas das três regiões da Bolívia. A região andina está localizada a uma altitude média de 3.700 metros (cerca de 12 mil pés) acima do nível do mar. Não obstante sua proximidade do Equador, a região andina contém áreas com climas que certamente não são tropicais. Nas altitudes mais elevadas, por exemplo, é comum nevar. No outro extremo, a altitude média da região de planície é próxima do nível do mar e, dada sua localização tropical, as temperaturas são as esperadas. A região subandina apresenta níveis intermediários de altitude e temperatura, sendo, de longe, a menor das três regiões.

Na Bolívia, as diferenças geográficas produziram rígidas diferenças inter-regionais nos modelos de produção agrícola. A Tabela 2.5 mostra que mais de 90% da produção de batata está localizada nas regiões andina e subandina, enquanto um porcentual semelhante da produção de arroz se concentra na planície. A produção de café, uva e tomate apresenta a mesma distribuição regional distorcida. A Tabela 2.5 também mostra que a incidência de doenças tropicais varia consideravelmente entre as regiões. A região andina, que abriga 45% da população, registra apenas 7% de todos os casos de cólera e malária, ao passo que a região de planície apresenta 52% do casos, apesar de ter apenas 26% da população.

As diferenças geográficas podem explicar parcialmente por que diferentes civilizações pré-colombianas vieram a dominar cada região geográfica. Diferenças profundas nas condições climáticas e de solo podem ter lançado as bases para o surgimento de culturas peculiares, cada uma delas circunscrita a uma região específica. Embora se suponha que essas civilizações tenham comerciado intensamente entre si, elas nunca se misturaram completamente. Um vestígio atual desse fenômeno histórico é o predomínio dos idiomas nativos em cada região, mostrado também na Tabela 2.5. Aimará é o idioma nativo mais comum na região andina, enquanto o quíchua, a língua falada pelos incas, apresenta sua maior influência na região subandina. A região de planície tem notável participação visível de falantes do guarani (não apresentado na tabela), um idioma nativo mais comum em áreas do Paraguai e do Brasil.

Tabela 2.4 Descrição das três regiões geográficas da Bolívia

Indicador	*Andina*	*Subandina*	*Planície*
Altitude média[a]	3.700 m (12.361 pés)	2.405 m (7.885 pés)	267 m (875 pés)
Altitude média[b]	3.970 m (13.016 pés)	2.150 m (7.049 pés)	291 m (954 pés)
Temperatura média (Celsius)[a]	15,0	21,8	27,3
Temperatura média (Farenheit)[a]	59,0	71,2	81,1
Temperatura máxima (Celsius)[c]	19,2	34,9	35,8
Temperatura mínima (Celsius)[c]	–4,7	6,6	13,4
Área total (porcentual)[c]	28	13	59
Área total coberta por floresta (porcentual)[c]	11	13	77
Área total coberta por neve e gelo permanente (porcentual)[c]	100	0	0
Área úmida total (porcentual)[c]	1	2	97

a. Inferido de dados em nível de cidade (capitais de departamento).
b. Inferido de dados departamentais.
c. Baseado em dados fornecidos pelo Instituto Militar Geográfico.

Fonte: URQUIOLA et al. (2000), baseado em publicações e dados do INE e do Instituto Militar Geográfico Nacional.

Tabela 2.5 Bolívia: padrões regionais de produção, doenças e idiomas (porcentual)

Indicador	*Andina*	*Subandina*	*Planície*
População total em 1992	45,0	28,9	26,1
Participação na produção			
Produção de arroz, total colheita de 1994-95	6,0	5,8	88,2
Produção de batata, total colheita de 1994-95	48,7	42,8	8,4
Produção de café, total colheita de 1994-95	96,4	1,1	2,5
Produção de uva, total colheita de 1994-95	23,9	73,2	2,9
Produção de tomate, total colheita de 1994-95	5,7	6,6	87,7
Doenças predominantes			
Cólera e malária, total de casos em 1995	7,1	41,0	51,9
Idiomas			
Aimará	39,7	3,7	2,0
Quíchua	24,8	49,9	11,2

Obs.: Todas as informações inferidas de dados departamentais.

Fonte: URQUIOLA et al. (1999), baseado no INE (1997a; 1997b).

Geografia e regiões

Historicamente, a população da Bolívia concentrou-se de maneira desproporcional na região andina, seguida pelas regiões subandina e de planície. Contudo, o Diagrama 2.2 mostra que, ao menos a partir da década de 1950, a região de planície vem ganhando regularmente importância à custa da região andina.[8] Padrões diferentes de migração, mais que índices de fertilidade, estão por trás da importância crescente da planície. A Tabela 2.6 mostra que, enquanto os três departamentos andinos tiveram índices migratórios líquidos negativos entre 1987-92, todos os departamentos da planície tiveram índices migratórios positivos. Santa Cruz merece menção especial, uma vez que apresentou índice migratório líquido de quase 20%.

Como na maioria dos países em desenvolvimento, a urbanização na Bolívia aumentou firmemente durante o período em estudo. Em 1950, nenhuma região do país tinha um índice de urbanização acima de 30%. Quarenta anos depois, o índice de urbanização era superior a 50% no país como um todo, chegando a 70% na planície. No entanto, diferentemente de grande número de países em desenvolvimento, a urbanização boliviana não aconteceu em torno de uma única cidade claramente predominante. O Diagrama 2.3 mostra que o porcentual de população urbana que vive em La Paz, a maior cidade do país, diminuiu de quase 40% em 1950 para apenas 29% em 2001. Não obstante, o declínio da concentração urbana no país como um todo foi acompanhado pelo crescente predomínio de uma cidade dentro de cada uma das três regiões: La Paz, na região andina, Cochabamba, na região subandina, e Santa Cruz, na planície.

Diagrama 2.2 Bolívia: distribuição populacional por região

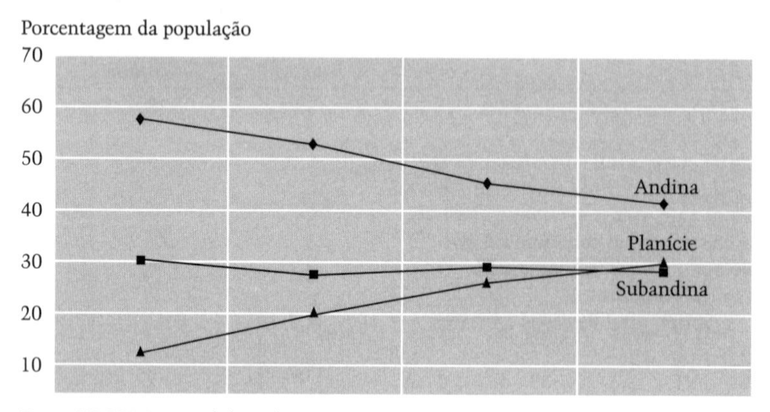

Fonte: URQUIOLA et al. (1999).

8 Este diagrama, e outros afins, baseiam-se em dados dos censos de 1950, 1976 e 1992. A menos que haja menção em contrário, toda a análise a seguir está centrada no período 1950-92.

Tabela 2.6 Bolívia: migração líquida e taxas de crescimento populacional, por departamento, 1971-92

		Migração líquida[a]		*Crescimento populacional total*
Região	*Departamento*	*1971-76*	*1987-92*	*1976-92 (%)*
Andina	La Paz	1,4	-1,4	16,6
	Oruro	2,4	-12,5	5,8
	Potosí	-3,1	-12,4	-1,2
Subandina	Chuquisaca	-4,7	-3,7	15,0
	Cochabamba	3,1	4,7	27,5
	Tarija	10,6	6,4	28,2
Planície	Beni	-2,1	0,6	31,6
	Pando	14,1	2,3	6,3
	Santa Cruz	6,7	19,0	41,6

a. Taxa de migração líquida por 1.000 pessoas por ano.

Fonte: URQUIOLA et al. (1999), baseada no INE (1997a).

Essas três cidades formam o eixo central do país. La Paz é um importante local de passagem para o oceano Pacífico, enquanto Santa Cruz, localizada no outro extremo do eixo, é importante local de passagem para o Brasil. Dados da edição de 1996 da Pesquisa Nacional de Emprego (ENE) mostram que 53% da população boliviana mora a até duas horas de carro do eixo central. A densidade populacional cai de maneira constante à medida que nos afastamos do eixo, a tal ponto que as províncias localizadas a quinze horas ou mais de carro do eixo central têm uma densidade populacional inferior a 1 habitante por km^2.

Por que a população urbana da Bolívia se concentrou em torno desses centros bem definidos? A geografia pode estar relacionada com isso. A existência de regiões geográficas bem definidas sobrepostas rigorosamente às principais divisões lingüísticas do país pode ter impedido que muitos migrantes que se dirigiam às cidades se afastassem muito de suas regiões. Dito de maneira simples, os habitantes da planície resistem a mudar para La Paz, e os habitantes das montanhas resistem a mudar para Santa Cruz. Como resultado, a migração da zona rural para as cidades ocorreu de maneira desproporcional nas regiões, o que, por sua vez, deu origem a três principais centros populacionais regionais.

Como a altitude é a causa da diversidade geográfica boliviana, as diferenças de altitude também contribuíram para os custos relativamente altos dos transportes. Em razão da topografia altamente montanhosa, é caro construir estradas nas regiões andina e subandina. A fragilidade do solo e as chuvas abundantes também encarecem a construção, e em especial a manutenção de estradas confiáveis nas regiões de planície. A combinação desses fatores faz que, uma vez construídas as estradas, os custos de transporte sejam na verdade mais baixos na região andina que na região de planície. Além de tudo, a Bolívia tem a menor densidade rodoviária (quilômetros por milhão de habitantes) entre todos os países sul-americanos. Apesar do grande

Diagrama 2.3 Bolívia: índices de precedência urbana por região

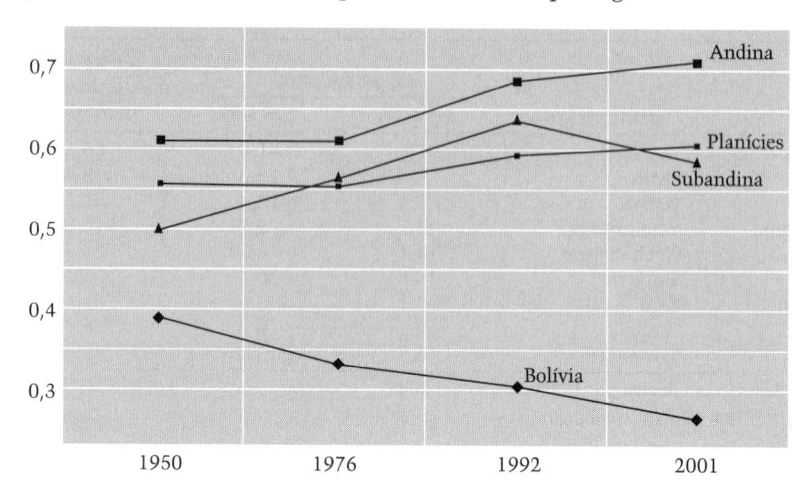

Obs.: Baseado em dados adequados à região metropolitana mais do que à cidade. Essa distinção importa principalmente em relação a La Paz, onde a região metropolitana é composta por duas cidades bem delimitadas, El Alto e La Paz. Como El Alto e La Paz são cidades vizinhas com mercados de trabalho integrados, o uso de dados da região metropolitana parece mais apropriada neste caso.

Fonte: URQUIOLA et al. (1999).

crescimento ocorrido entre as décadas de 1960 e 1990, o país ainda tem a menor extensão de estradas pavimentadas do continente.

Embora se possa afirmar que as diferenças geográficas e étnicas sejam as principais forças estruturais por trás da distribuição espacial da atual população boliviana, dificilmente elas podem ser responsabilizadas pela importância crescente das áreas de planície, em geral, e da cidade de Santa Cruz, em particular. Para entender a posição de destaque de Santa Cruz, é preciso saber o que tem sustentado sua expansão econômica e o que a tornou possível.

Parcela substancial do recente crescimento econômico de Santa Cruz tem origem em fatores geográficos. As atividades relacionadas aos recursos naturais da área vêm aumentando desde 1950. Porção significativa delas está relacionada à produção agrícola de larga escala, favorecida pela fertilidade do solo em partes desse departamento. É interessante observar que o crescimento agrícola de Santa Cruz não foi impulsionado por uma única cultura, e sim por uma sucessão de culturas que, cada uma a seu tempo, trouxeram sucessivos "*booms*" à região. Essas culturas foram, em ordem cronológica, o arroz, o algodão, a cana-de-açúcar e a soja.

A Tabela 2.7 ilustra esse aspecto. A primeira coluna mostra o aumento de 15 vezes na área total cultivada no departamento de Santa Cruz entre 1950 e 1997. Em comparação, a área total cultivada na região andina permaneceu estagnada desde 1950. As colunas restantes da tabela mostram o porcentual da área total responsável pelas culturas específicas. A célula que aparece destacada em cada coluna corresponde ao período em que a cultura em questão alcançou sua maior participação na área total cultivada. Como fica demonstrado, cada um desses produtos dominou, em algum momento, a produção agrícola de Santa Cruz, embora, com exceção da soja, nenhum deles tenha mantido essa posição durante mais de alguns anos.

Além desses *booms* agrícolas, Santa Cruz também experimentou o *boom* do petróleo, e em especial do gás, apesar do fato de parte significativa da indústria petrolífera localizar-se, na verdade, em dois outros departamentos, Tarija e Cochabamba. Santa Cruz também se beneficiou da transferência das sedes da indústria para sua capital.

Enquanto as atividades ligadas aos recursos naturais de Santa Cruz apresentaram um crescimento significativo desde 1950, as baseadas nos recursos naturais da região andina sofreram um declínio acentuado. O principal exemplo disso foi a redução da atividade mineradora. De fato, isso se reflete na queda relativa de Potosí e, em especial, de Oruro – as duas tradicionais cidades mineiras, na classificação urbana do país.

É claro que o potencial de recursos naturais e a migração podem ser condições necessárias para o rápido crescimento de Santa Cruz, mas não são suficientes. Além deles, o capital oriundo tanto do setor público quanto do privado ajudaram a impulsionar a expansão da região. Nas décadas de 1940 e 1950, o governo federal, em parte como resultado de recomendações feitas por uma comissão liderada por Merwin Bohan, adotou uma estratégia de crescimento voltada para a planície. Foi construída uma nova rodovia ligando Cochabamba a Santa Cruz, bem como várias estradas vicinais que ligavam os vilarejos do interior da planície. Foram assegurados generosos incentivos aos produtores de arroz e de açúcar e aos estancieiros de gado de Beni. Os empréstimos do banco agrícola do Estado concentraram-se em Santa Cruz e em seu entorno. Em suma, Santa Cruz foi um receptor líquido das transferências governamentais durante grande parte do período analisado.

Tabela 2.7 Bolívia: participação dos produtos agrícolas na área total cultivada em Santa Cruz

Período	*Área total cultivada (hectares)*	*Arroz*	*Algodão*	*Cana-de-açúcar*	*Soja*	*Outros*
1950	58.242	17,4	0,2	18,1	0,0	64,3
1958	125.000	10,8	0,6	12,0	0,0	76,6
1964	154.370	16,1	2,3	16,4	0,0	65,3
1969-71	173.612	***22,8***	6,8	17,3	0,5	52,6
1971-75	217.618	16,8	***22,5***	17,7	1,9	41,0
1975-80	258.332	13,3	12,2	**23,8**	7,6	43,1
1980-84	263.464	15,9	3,6	21,0	13,5	46,0
1990-94	573.058	14,7	3,2	11,6	39,6	30,9
1994-97	945.244	9,1	4,3	7,7	***48,8***	30,0

Obs.: As células destacadas assinalam a mais alta participação da cultura ao longo do período.

Fonte: URQUIOLA et al. (1999), baseado em ARRIETA (1994) e UDAPE (1998).

A situação só mudou em meados da década de 1990, quando Santa Cruz passou a contribuir com mais do que aquilo que recebia em termos de recursos públicos. Finalmente, mas não menos importante, a produção agrícola ao redor de Santa Cruz beneficiou-se da integração íntima entre a Bolívia e o Brasil. À medida que as estradas de melhor qualidade ajudaram a reduzir os custos de transporte e o comércio tornou-se menos regulamentado e taxado, aumentaram as oportunidades de investimento tanto para os residentes locais quanto para os de fora.

Dessa forma, a preeminência de Santa Cruz pode ser localizada nos sucessivos *booms* agrícolas que, ao menos nas etapas iniciais, foram facilitados pelos esforços deliberados do governo para direcionar o desenvolvimento da Bolívia para essa área. No entanto, a importância crescente de Santa Cruz não foi acompanhada da concentração da produção industrial na cidade e em seus arredores. A Tabela 2.8 utiliza um índice que varia entre zero e dois, no qual zero indica que as regiões são idênticas ou não apresentam nenhuma especialização, e dois indica regiões completamente especializadas. A tabela mostra que esses coeficientes são muito baixos e mudaram pouco, uma indicação de que as regiões são de difícil diferenciação e de que elas não se tornaram mais especializadas ao longo do tempo. Isto é, a produção industrial da Bolívia ainda tem um caráter predominantemente local, especializado antes no atendimento das necessidades de sua região do que na competição em nível nacional.

Geografia e bem-estar

Embora os fatores geográficos tenham desempenhado papel na determinação do lugar em que as pessoas moram, é interessante agora considerar a influência da geografia no bem-estar dessas pessoas. A seção anterior mostrou como a população da Bolívia está concentrada ao longo de um eixo central definido por três capitais regionais, cujas taxas de crescimento têm variado de maneira considerável. Esta seção procura avaliar se a altitude e a distância dos centros regionais estão associadas à incidência da pobreza na Bolívia.

Tabela 2.8 Bolívia: índices de concentração por região geográfica em 1976 e 1992

Região	*Planície*	*Subandina*
1976		
Planície	—	0,2740
Andina	0,1901	0,2151
1992		
Planície	—	0,3430
Andina	0,2608	0,0958

— Não disponível.

Obs.: Esta tabela utiliza o índice de especialização regional de Krugman. Aplicado a duplas de localização, este índice é definido como $SI_{jk} = \Sigma_i | E_{ij} / E_j - E_{ik} / E_k |$, onde E_{ij} representa o emprego na indústria *i* na região *j*, E_j é o total de emprego na região *j*, e E_{ik} e E_k são os valores correspondentes para a região *k*.

Fonte: URQUIOLA et al. (1999).

Ao considerar o impacto da geografia no bem-estar, as províncias são as unidades de observação apropriadas.[9] A variável dependente baseia-se no índice de Necessidades Básicas Não-atendidas (UBN, sigla em inglês), calculado pelo governo boliviano utilizando os censos de 1976 e 1992.[10] A fim de elaborar a variável dependente, utiliza-se primeiro o índice UBN para determinar se as necessidades básicas do domicílio foram atendidas; essa informação então é usada para calcular a incidência de pobreza na província analisada.

A Tabela 2.9 mostra os efeitos das variáveis geográficas sobre os índices UBN de pobreza em nível de província. Ao interpretar os resultados, é importante ter em mente que índices UBN mais elevados indicam níveis maiores de pobreza. A primeira coluna revela que as províncias situadas em altitudes mais elevadas apresentam maior incidência de pobreza, o que é compatível com os indícios relativos ao México da seção anterior. Entretanto, por causa da relação inversa entre altitude média e temperatura, esse resultado vai contra a evidência internacional habitual que sugere que as áreas tropicais apresentam, de fato, rendas mais baixas. A segunda coluna mostra que a relação entre pobreza e altitude não é monotônica e sim quadrática; os níveis de pobreza são maiores tanto nas altitudes muito baixas quanto nas muito altas.

A Tabela 2.9 também mostra que a incidência de pobreza é menor nas províncias que contêm uma intersecção de fronteira importante ou a capital de um departamento ou de um centro regional. Como no caso da Colômbia, que será analisado a seguir, a distância dos principais mercados domésticos é um forte indicador de pobreza na Bolívia. De maneira semelhante, províncias onde a agricultura representa parcela grande da produção total apresentam índices mais elevados de pobreza, tudo o mais permanecendo igual.[11]

Em suma, é maior a incidência de pobreza na Bolívia nas províncias onde a altitude é elevada e nas províncias mais distantes do eixo comercial mais importante do país. Se isso reflete um efeito direto da geografia sobre o bem-estar ou uma concentração de domicílios pobres nas altas altitudes é algo que ainda não está resolvido. Entretanto, análises preliminares, baseadas em dados referentes aos domicílios, mostram que o efeito da geografia ainda é

9 Embora atualmente a Bolívia tenha 112 províncias, a análise a seguir concentra-se em apenas 99 delas, para possibilitar a comparação com os dados do censo de 1976. É possível obter um conjunto coerente de unidades geográficas sobretudo porque todas as novas províncias se originaram da divisão de antigas províncias em duas.

10 O índice UBN baseia-se em quatro diferentes grupos de variáveis: (a) acesso a moradia (número de ocupantes por cômodo e qualidade dos materiais de construção); (b) acesso aos serviços básicos (água, esgoto, eletricidade, tipo de combustível para cozinhar); (c) educação (número de crianças matriculadas nas escolas e grau de aproveitamento, e índice de alfabetização); e (d) garantia de assistência à saúde e assistência social.

11 MORALES et al. (2000) mostram que os índices de pobreza certamente estão relacionados à erosão do solo, em especial nas províncias onde a agricultura constitui grande parcela da produção local.

Tabela 2.9 Bolívia: variáveis geográficas e não-atendimento das necessidades básicas em nível de província

Variável independente	*Variável dependente = índice UNB*				
	[1]	*[2]*	*[3]*	*[4]*	*[5]*
Altitude	0,023**	–0,008	(–0,017)	–0,012	–0,032**
	(2,30)	(–0,21)	(–0,45)	(–0,38)	(–2,00)
Altitude ao quadrado		0,008	0,009	0,008	0,011**
		(0,89)	(1,00)	(1,00)	(0,01)
Intersecção de fronteira			–0,118**	–0,132**	–0,137**
			(–2,41)	(–3,22)	(–6,52)
Centro regional				–0,422**	0,095**
				(–6,59)	(–1,79)
Capital de departamento					–0,135**
					(–4,66)
Agricultura (porcentual)					0,188**
					(9,90)
Densidade					–,009
					(–9,00)
R^2	0,021	0,059	0,113	0,393	0,850
Registros	99	99	99	99	99

Obs.: Todas as regressões incluem um termo constante. As estatísticas *t* estão entre parênteses.
** Significativo a 5%.

Fonte: URQUIOLA et al. (1999).

perceptível, mesmo quando se levam em conta as diferenças entre as províncias quanto às características dos domicílios. Certamente, qualquer um que tenha deitado os olhos sobre o infecundo altiplano boliviano, ou vencido as estradas íngremes que conduzem às planícies enevoadas, suspeita que esses rigorosos elementos geográficos possam ter influenciado a pobreza generalizada do país. O trabalho dos acadêmicos é analisar por completo os canais dessa influência e propor as melhores maneiras de controlá-la.

Colômbia

A Colômbia é um país não apenas de grandes diferenças geográficas, mas também de profundas variações em termos de desenvolvimento econômico e social entre as regiões e dentro delas.[12] A geografia teve substancial influência em sua história econômica, em especial no que diz respeito à distribuição espacial da atividade econômica entre as regiões extremamente díspares do país.

Até recentemente, a atividade econômica na Colômbia estava dividida em quatro zonas bem definidas: Tolima e Huila e os elevados planaltos do leste, a região do litoral atlântico, Antioquia e os departamentos da costa do Pacífico. Por sua vez, em cada zona a atividade econômica estava organi-

12 Esta seção sobre a Colômbia foi extraída parcialmente de SÁNCHEZ; NÚÑEZ (2000).

zada em torno de uma única cidade: Bogotá, Barranquilla, Medellín e Cali, respectivamente (ver Mapa 2.4, p.112). Esse padrão demográfico levou alguns autores a descrever o desenvolvimento urbano da Colômbia como um "animal com quatro cabeças" (Cuervo e González, 1997; Gouesset, 1998).

A fragmentação regional e a ausência simultânea de um mercado nacional têm-se constituído, há tempos, em temas habituais dos analistas da economia colombiana. Lauchlin Currie escreveu em 1950:

> Uma conseqüência extremamente significativa da topografia do país foi o surgimento de entidades econômicas ou zonas de comércio razoavelmente distintas e separadas. Cada uma dessas zonas contém solos e climas que possibilitam uma produção agrícola extremamente variada. Cada uma delas tem uma região metropolitana cujas necessidades alimentares são, em sua maioria, satisfeitas no interior da zona. Os meios de transporte permitem uma movimentação considerável das *commodities* agrícolas no interior de cada zona. Essa característica fechada estende-se até para uma parcela da indústria. Cada uma das zonas fornece a totalidade ou parte de suas próprias necessidades de cimento, da maioria dos materiais de construção, dos tecidos de algodão e de cerveja. Todas as zonas contêm carvão, algo bastante raro. Os bens que cruzam os limites das zonas são os que podem incorporar custos elevados de transporte, entre os quais se incluem principalmente o sal, o açúcar, o petróleo e os produtos importados e exportados.

As barreiras geográficas do país, algumas das quais só superadas quando o século XX já ia bem adiantado, excluem muitas regiões dos mercados mundiais e desestimulam o comércio inter-regional, dando origem a um mercado interno fragmentado. Mesmo as estradas e ferrovias construídas no final do século XIX foram projetadas para ligar cidades e vilarejos dentro de uma mesma região. Para que pudessem ligar regiões diferentes, freqüentemente as estradas precisavam transpor as regiões montanhosas da Colômbia, e os custos da construção eram proibitivos. Como resultado, as regiões da Colômbia passaram por um alto grau de isolamento geográfico e econômico, o qual, em muitos aspectos, persiste até hoje, uma vez que a malha viária do país continua apresentando uma das mais baixas densidades da América Latina.

A população da Colômbia concentrou-se, desde a colonização, no oeste montanhoso e no norte do país. Foi nessas regiões que, no final do século XIX, a produção de café estabeleceu-se como o principal produto agrícola e de exportação da Colômbia e onde nasceram as primeiras indústrias manufatureiras. Daquela época até a década de 1970, a maioria da população habitou áreas rurais próximas a pequenas cidades e vilarejos, cuja principal fonte de renda eram a agricultura e a criação de animais. Esse período também assistiu ao crescimento da população urbana nas quatro cidades principais.

Os centros urbanos em cada zona consolidaram seu predomínio no final do século XIX. A cidade portuária de Barranquilla conheceu seu apogeu naquele período e no início do século XX. Impulsionadas em parte pela imigração estrangeira, as atividades comerciais contribuíram bastante para a expansão inicial de Barranquilla (Posada, 1998). A cidade central de Medellín também cresceu muito rapidamente na virada do século. No início um posto comercial para os cafeicultores e os mineradores de ouro, Medellín surgiria mais tarde como um destacado centro manufatureiro. A capital Bogotá, localizada nas montanhas do leste, foi historicamente o centro cultural e político da Colômbia. Por último, a cidade de Cali, rodeada pelo fértil vale de Cauca que no início abrigava os ricos *hacendados*, tornar-se-ia mais tarde um centro agrícola e de armazenamento em expansão.

Embora a geografia tenha sido negligenciada nos modelos e estimativas de crescimento econômico regionais e municipais na Colômbia, faz tempo que historiadores e viajantes têm observado o papel importante dos fatores geográficos no desenvolvimento colombiano. John Hamilton, um coronel inglês que viajou pela Colômbia no século XIX, enfatizou, em 1829, o pesado ônus que a natureza e o clima impunham ao transporte de mercadorias e de pessoas. A viagem descendo o rio Magdalena, de Barranquilla a Honda, o único acesso a Bogotá, levava mais de cem dias. Durante a longa viagem, muitos passageiros adoeciam ou morriam de malária, febre amarela, diarréia ou cólera. Além disso, o alto custo dos fretes encarecia o comércio, impedindo a importação de bens e de máquinas para o interior (Hamilton, 1970).

James Parsons, um sociólogo que estudou a fundo a colonização de Antioquia, sugeriu que o prolongado isolamento do interior montanhoso da Colômbia estabeleceu os contornos do tradicionalismo e das características culturais peculiares dos antioquianos (Parsons, 1997). A escassez de mão-de-obra indígena e a quase inexistência de terras planas fez que, durante o século XIX, a população rural de Antioquia fosse formada principalmente de pequenos proprietários de terra. Isso motivou o início da tradição democrática da força de trabalho de Antioquia, contrastando com a estrutura social classista encontrada no Sul e no Oeste da Colômbia, onde havia uma população indígena mais numerosa. A característica especial dessas sociedades, resultado dos traços geográficos, determinou em parte a industrialização precoce da região.

Do mesmo modo, a geografia do litoral caribenho também produziu um modelo diferente de desenvolvimento. O mar, os rios e os pântanos determinaram a localização dos principais assentamentos costeiros em termos de acesso a – e como fontes de – água e comida. A vida não era fácil: inundações periódicas atingiam o campo e as cidades, destruindo casas e colheitas e alterando a geografia da região. As enchentes e as altas temperaturas estimulavam a proliferação de doenças, infecções e pragas, dificultando a implantação duradoura das atividades de mineração ou manufatureiras.

A falta de oportunidades econômicas e a alta incidência de doenças no litoral resultaram em migração, mortes e baixo crescimento populacional, o que gerou escassez de mão-de-obra. Esta última, com a baixa produtividade da mão-de-obra, tornou a tecnologia antiquada, e a baixa qualidade dos transportes dificultou o surgimento de grandes plantações comerciais (*haciendas*) até fins do século XX. Em compensação, as características do solo da região e as condições de mercado facilitaram o surgimento e a consolidação da criação de gado.

Historiadores, economistas e sociólogos renomados reconheceram o papel decisivo da geografia na configuração dos padrões de desenvolvimento econômico da Colômbia. Os principais elementos por meio dos quais a geografia condicionou diretamente o desenvolvimento são os custos do transporte, os fatores sanitários e os recursos naturais (adequação do solo, água, proximidade dos rios e assim por diante). Se esses fatores influenciam a densidade populacional e a criação de mercados, eles também têm um efeito indireto sobre a dinâmica do crescimento, por meio de economias de aglomeração e outros mecanismos de *feedback*.

Geografia e crescimento municipal

Embora a geografia tenha desempenhado papel fundamental na distribuição inicial da atividade econômica na Colômbia, seu papel atual é uma questão em aberto. Esta seção examina os determinantes do crescimento municipal na Colômbia, com ênfase especial no papel dos indicadores geográficos. O foco da análise é a elucidação do crescimento do PIB *per capita* municipal entre 1973 e 1995.[13] A influência da geografia foi captada pela inclusão de variáveis como qualidade do solo, disponibilidade de água e distância dos principais centros urbanos do país. Além dos indicadores geográficos, as variáveis explicativas incluem o capital humano, a infra-estrutura e as variáveis institucionais. Isso proporciona um meio de verificar se a influência da geografia ainda está presente de maneira direta (em vez de indiretamente, pelos atributos do capital físico, humano ou social).

A Tabela 2.10 mostra que a geografia está relacionada, de maneira previsível, ao crescimento da renda municipal.[14] Os municípios com solo mais fértil, topografia menos acidentada e condições climáticas moderadas (com altitudes intermediárias, p. ex.), tendem a crescer mais rapidamente. Maior

13 Na Colômbia não existem dados disponíveis sobre o PIB municipal; portanto, utilizam-se aqui comprovantes de impostos sobre a propriedade e impostos comerciais como um substituto para a renda. Computamos a renda *per capita* calculando primeiro a participação de cada município no total das receitas de impostos de um departamento específico e depois multiplicando essa participação pelo PIB do departamento (SÁNCHEZ; NÚÑEZ, 2000).

14 As variáveis geográficas foram computadas utilizando-se fontes primárias. O exemplo analisado é o procedimento usado para obter o índice de adequação do solo. As três etapas seguidas foram: (a) criar mapas digitais do solo; (b) calcular, para cada município, a área de cada tipo de solo; e (c) calcular, para cada município, um índice de qualidade do solo utilizando uma classificação elaborada anteriormente da adequabilidade produtiva de cada tipo de solo. Seguiu-se um procedimento semelhante para computar o índice de disponibilidade de água e das densidades de rios e estradas (SÁNCHEZ; NÚÑEZ, 2000).

precipitação pluviométrica está associada a um crescimento mais lento, como também o fato de estar próximo de um grande rio.

O crescimento dos municípios colombianos também está estreitamente ligado à distância dos principais centros urbanos do país. Os municípios distantes dos principais centros populacionais têm crescido muito mais lentamente. Dessa forma, o crescimento dos municípios da periferia, alguns dos quais já se encontravam em uma situação precária em 1973, continuou a minguar, ao menos até 1995.

Não é preciso dizer que as variáveis geográficas não são os únicos fatores que influenciam o crescimento dos municípios. As estimativas da segunda coluna da Tabela 2.10 consideram a possível influência da infra-estrutura física, do capital humano e de alguns outros fatores.[15] Não surpreende que um atendimento mais amplo dos serviços básicos de infra-estrutura, como eletricidade, acelere o crescimento econômico. O município onde todos os domicílios têm acesso à eletricidade tende a crescer 2 pontos porcentuais mais rápido do que um outro em que nenhum dos domicílios dispõe de eletricidade. De maneira semelhante, tudo o mais permanecendo igual, os municípios que dispõem de maiores estoques iniciais de capital humano tendem a crescer mais rapidamente. Tanto o número de matrículas no curso fundamental e médio como o estoque de universitários formados (no início do período de análise) estão associados a índices superiores de crescimento (durante o período de análise). Um universitário formado a mais por 1.000 pessoas em 1973 está associado a um acréscimo subseqüente de crescimento anual de 0,1 ponto porcentual. É claro, isso pode ser um reflexo nem tanto das vantagens da educação superior como o desejo dos universitários formados de se instalar em áreas com grandes perspectivas de crescimento.

A ocorrência de doenças tropicais também parece ter dificultado o crescimento dos municípios. É interessante observar que esse efeito se mantém mesmo após controladas algumas variáveis geográficas associadas à ocorrência de doenças tropicais (como a quantidade de chuva e a influência dos rios Cauca e Magdalena).[16]

Surpreendentemente, o café está associado de maneira negativa ao crescimento dos municípios. Tudo o mais sendo igual, quanto maior a proporção de terra dedicada ao cultivo de café em um município, mais lento o ritmo do crescimento. Esse resultado põe em xeque a crença disseminada de que o café e a prosperidade econômica andaram de mãos dadas na Colômbia. Se fez algo, o café significou a estagnação na história recente do país, em parte decorrente do desanimador mercado internacional do produto.

---

15 Deve-se observar que essa regressão tenta explicar o crescimento *posterior* a 1973 como resultado de uma série de fatores que incidem *a partir* de 1973. Ao agir assim, tentamos evitar o viés endógeno resultante da influência do crescimento sobre as variáveis explicativas.

16 Inicialmente, a malária prevaleceu mais na parte baixa do vale dos rios Magdalena e Cauca e ao longo do litoral do Pacífico e do Caribe (CURRIE, 1950, p.179).

Tabela 2.10 Colômbia: determinantes do aumento da renda *per capita* entre 1973-95

Variável independente	*[1]*	*[2}*
Renda per capita, *1973*	-0,022 (-14,73)**	-0,028 (-14,80)**
Geografia		
Chuva	-0,014 (-4,82)**	-0,009 (-3,58)**
Altitude acima do nível do mar	0,009 (1,89)*	0,011 (2,04)**
Altitude acima do nível do mar ao quadrado	-0,001 (-1,54)	-0,001 (-1,85)*
Índice de adequação do solo	0,017 (4,98)**	0,013 (3,08)**
Distância dos mercados domésticos	-0,057 (-14,17)**	-0,045 (-11,05)**
Rio Cauca (simulação)	-0,014 (-1,95)*	-0,012 (-1,72)*
Rio Magdalena (simulação)	-0,005 (-0,95)	-0,001 (-0,25)
Rio (distância do, em quilômetros)	0,009 (3,66)**	0,005 (2,08)**
Infra-estrutura		
Proporção de domicílios com energia elétrica, 1973		0,022 (2,77)*
Densidade da malha viária, 1970		0,0004 (0,59)
Capital humano		
Índice migratório, 1973		0,092 (5,78)**
Índice de matrículas no ensino fundamental e médio, 1973		0,081 (5,25)**
Universitários formados por mil da força de trabalho, 1973		0,001 (3,31)**
Número de mortes por doenças tropicais por grupo de mil pessoas, 1973		-0,004 (-2,67)**
Instituições e padrões de vida		
Interação entre solo e grau de urbanização, 1973		-0,003 (-1,20)
Proporção de terra destinada à cultura do café, 1980		-0,0004 (-3,93)**
Desigualdade de renda, 1973		-0,003 (-0,81)
R^2	0,35	0,486
Registros	873	872

Obs.: Todas as regressões incluem um termo constante. Estatísticas *t* entre parênteses.
* Significativo a 10%.
** Significativo a 5%.

Fonte: SÁNCHEZ e NÚÑEZ (2000).

Os resultados da Tabela 2.10 também são compatíveis com o conceito de convergência condicional, isto é, a tendência dos níveis de renda municipais de se encaminharem para um nível comum, uma vez que se leve em conta a influência de outros determinantes dessa renda. Tudo o mais sendo igual, os níveis mais altos de PIB *per capita* em 1973 estão associados a um crescimento mais lento. Mas a convergênciam *condicional* não significa, necessariamente, que a desigualdade municipal diminuiu na Colômbia, porque a grande quantidade de variáveis que influencia o crescimento (além dos níveis iniciais de renda) pode afetar municípios ricos e pobres de maneira distinta. Na verdade, o coeficiente de variação do PIB *per capita* municipal aumentou de 0,61 em 1973 para 0,67 em 1995, sugerindo leve crescimento da desigualdade em todos os municípios.

Obviamente, uma série de fatores desempenha um papel na delimitação do crescimento municipal, do capital humano ao acesso à eletricidade. Entretanto, mesmo quando esses fatores estão sob controle, verifica-se a influência da geografia. Conseqüentemente, a geografia ainda influencia os padrões de desenvolvimento regional de maneira direta, não apenas por meio da influência que possa ter tido no passado sobre a infra-estrutura, a educação ou as variáveis institucionais. De maneira surpreendente, os investimentos em capital físico, humano ou social pouco fizeram para compensar (ou reforçar) a influência da geografia na velocidade do desenvolvimento econômico dos municípios colombianos, como fica evidente quando se comparam os coeficientes das duas regressões na Tabela 2.10.

Diferenças em níveis de desenvolvimento nos municípios

Se a geografia influenciou e ainda influencia o crescimento dos municípios, seria de esperar que os atuais níveis de renda exibissem as marcas profundas da geografia. A Tabela 2.11 analisa os determinantes do PIB *per capita* municipal em 1995, utilizando, como anteriormente, um conjunto semelhante de variáveis explicativas. Os resultados confirmam que a geografia tem tido grande influência sobre os níveis de desenvolvimento extremamente distintos dos municípios colombianos.

Os municípios colombianos bem-sucedidos tendem a apresentar uma geografia "mais adequada" e se concentram em torno dos principais centros urbanos do país. Isto é, os municípios mais ricos têm, em média, menos chuva, solo de melhor qualidade e uma topografia mais plana que os municípios mais pobres. Além disso, estão mais próximos dos principais centros de desenvolvimento da Colômbia, porém distantes dos principais rios. A influência de cada um desses fatores geográficos – e de todos eles – sobre os níveis de renda é moderada, porém permanece significativa quando entram em cena a infra-estrutura, o capital humano e os fatores institucionais. Isso é o mesmo que dizer que a geografia realmente parece ter um impacto direto sobre os níveis de renda, além do efeito indireto que ela pode ter em razão de sua influência sobre o investimento físico e humano e sobre uma variedade de outros canais que podem ser medidos nos municípios.

É interessante observar, contudo, que as variáveis geográficas parecem ser mais significativas em relação aos municípios pobres do que aos ricos. Nos municípios pobres, a geografia explica entre 25 e 32% da variação da renda *per capita* e entre 24 e 27% da variação do crescimento da renda *per capita.*[17] Nos municípios ricos, em comparação, a geografia é menos importante, explicando entre 18 e 25% da variação da renda *per capita* e entre 16 e 17% da variação do crescimento da renda *per capita*. É encorajador o que isso sugere: embora a influência da geografia ainda esteja presente, o desenvolvimento econômico e social tende a afrouxar seu predomínio cerrado.

---

17 Embora não apareçam na tabela, os resultados estão disponíveis no estudo de caso realizado por SÁNCHEZ; NÚÑEZ (2000).

Tabela 2.11 Colômbia: determinantes do aumento da renda *per capita* municipal, 1995

Variável independente	*[1]*	*[2]*
Geografia		
Chuva	–0,589	–0,341
	(–8,16)**	(–5,69)**
Altitude acima do nível do mar	0,426	0,36
	(2,68)**	(2,78)**
Altitude acima do nível do mar ao quadrado	–0,039	–0,033
	(–2,73)**	(–2,80)**
Índice de adequação do solo	0,672	0,482
	(8,155)**	(5,15)**
Distância dos mercados domésticos	–1,497	–1,105
	(–12,72)**	(–10,37)**
Rio Cauca (simulação)	–0,508	–0,413
	(–2,21)**	(–2,68)**
Rio Magdalena (simulação)	–0,099	–0,034
	(–0,68)	(–0,27)
Rio (distância do, em quilômetros)	0,267	0,171
	(3,94)**	(2,90)**
Infra-estrutura		
Proporção de domicílios com energia elétrica, 1973		0,817
		(3,95)**
Densidade da malha viária, 1970		0,057
		(2,05)**
Índice de crescimento da densidade da malha viária		0,662
		(1,84)*
Capital humano		
Índice migratório, 1973		2,636
		(5,92)**
Índice de matrículas no ensino fundamental e médio, 1973		1,981
		(5,10)**
Universitários formados por mil da força de trabalho, 1973		0,037
		(2,85)**
Número de mortes por doenças tropicais por grupo de mil pessoas, 1979		–0,096
		(–2,73)**
Instituições e padrões de vida		
Interação entre solo e grau de urbanização, 1973		–0,112
		(–2,06)**
Proporção de terra dedicada à cultura de café, 1980		–0,012
		(–4,52)**
Desigualdade de renda, 1973		0,007
		(0,09)
Transferências municipais *per capita* (média anual 1973-95)		0,44
		(5,22)**
R^2	0,353	0,554
Registros	873	872

Obs.: Todas as regressões incluem um termo constante. Estatísticas *t* estão entre parênteses.
* Significativo a 10%.
** Significativo a 5%.

Fonte: SÁNCHEZ e NÚÑEZ (2000).

A geografia do sucesso dos municípios colombianos

O destino de muitos municípios colombianos mudou drasticamente entre 1973 e 1995: alguns dobraram sua renda, enquanto outros sofreram uma queda tresdobrada. Isso não resultou apenas da sorte. Como já foi demonstrado, a proximidade das cidades importantes foi um poderoso motor do crescimento municipal, e a explicação deve-se, em grande medida, a esse fator. Entretanto, a influência da proximidade tem-se modificado ao longo do tempo, dependendo das melhorias de transporte e da natureza evolutiva das políticas de desenvolvimento.

No início da década de 1980, o crescimento e o desenvolvimento econômico de Bogotá deixaram para trás o restante das principais cidades colombianas. À medida que a atividade econômica colombiana se movia na direção de Bogotá na década de 1980, ocorreram importantes mudanças na variação espacial da renda *per capita* média municipal. O Diagrama 2.4 mostra essa variação do crescimento da renda *per capita* à medida que partimos dos municípios próximos a Bogotá para aqueles localizados na periferia do país. A marca mais à esquerda mostra o crescimento da renda municipal *per capita* média de Bogotá. A marca seguinte apresenta a média de crescimento correspondente a todos os municípios localizados em um raio de 120 km de Bogotá (excluindo Bogotá); a terceira ilustra a média de crescimento correspondente a todos os municípios localizados em um raio de 240 km de Bogotá, porém fora do círculo precedente, e assim por diante, em uma seqüência de círculos concêntricos. Evidentemente, os municípios mais distantes da capital se saíram muito pior do que aqueles que estão mais próximos. Muitos desses municípios, especialmente os situados a nordeste de Bogotá, sofreram quedas drásticas em seus padrões médios de vida. Os poucos municípios que obtiveram alguns ganhos o fizeram como resultado do aumento das receitas com petróleo e com atividades ligadas ao narcotráfico.

Não obstante, o fato de estar distante de Bogotá nem sempre significou decadência econômica. O Diagrama 2.5 mostra a variação espacial da renda *per capita* municipal média em 1973. Embora no início da década de 1970 a renda já fosse superior em Bogotá e em seu entorno, ela não era muito mais baixa na periferia, e a renda *per capita* até aumentava um pouco à medida que nos aproximávamos da periferia. No entanto, nas duas décadas seguintes essa situação mudou drasticamente. Os vencedores se mudaram mais para perto de Bogotá, os derrotados para mais longe, e, em conseqüência disso, o centro de gravidade da atividade econômica na Colômbia moveu-se em direção ao centro. A tendência de concentração espacial de renda na direção de Bogotá prosseguiu na década de 1990, apesar da abertura e da liberalização dos processos comerciais que pretenderam promover o desenvolvimento econômico dos portos e das regiões de fronteira (Fernández, 1999).

O que explica a transformação da distribuição espacial da atividade econômica na Colômbia? A geografia natural teve papel muito importante, se não diretamente, à época, então ao menos indiretamente. Dessa forma, os

Diagrama 2.4 Colômbia: crescimento da renda *per capita* dos municípios e distância em relação a Bogotá

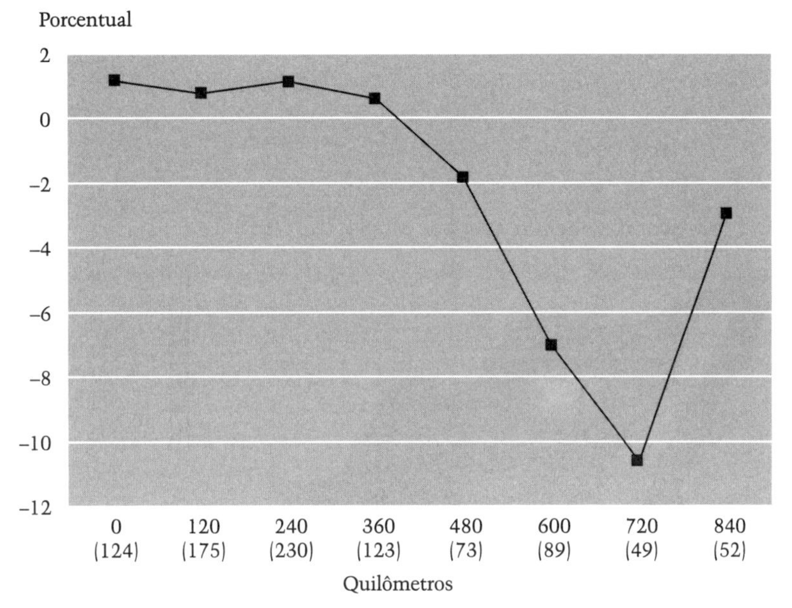

Obs.: Os números entre parênteses são tamanhos de amostras para cada distância.
Fonte: SÁNCHEZ e NÚÑEZ (2000).

principais fatores foram as economias de escala, os custos do transporte e a integração das regiões afastadas da Colômbia, todos eles influenciados pela geografia.

Como mencionado, as barreiras geográficas criaram no início um cenário econômico fragmentado na Colômbia. Até recentemente, os custos do transporte eram de tal ordem que uma empresa manufatureira localizada em Bogotá não era capaz de competir em Barranquilla, e vice-versa. Na década de 1950, chegou-se a um consenso na Colômbia acerca da urgência de investir maciçamente na infra-estrutura de transportes.[18] A proposta era ligar as regiões afastadas do país a fim de criar um mercado nacional que permitisse que grande número de indústrias tirasse proveito das economias de escala e de foco. Nas décadas de 1950 e 1960, foram construídas muitas estradas e outras foram terminadas. Como resultado, as zonas até então isoladas tornaram-se gradativamente interligadas, surgindo finalmente um mercado nacional.

---

18 CURRIE (1950) afirmou que a "falta de um sistema unificado de transporte na Colômbia é um dos principais fatores que contribuem para os altos custos dos produtos manufaturados" e o principal fator que contribui para "limitar os mercados industriais".

Mapa 2.1 México: renda *per capita* por estado

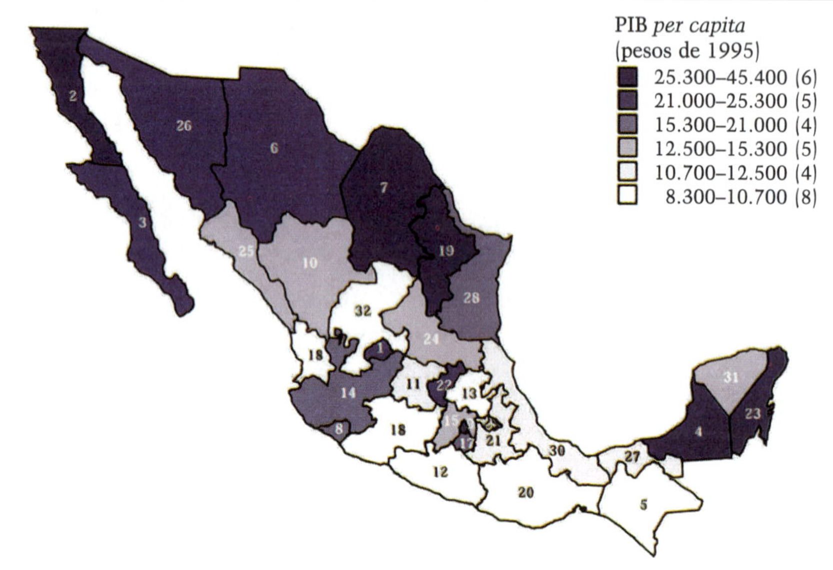

1. Aguascalientes
2. Baixa Califórnia
3. Sul da Baixa Califórnia
4. Campeche
5. Chiapas
6. Chihuahua
7. Coahuila de Zaragoza
8. Colima
9. Distrito Federal
10. Durango
11. Guanajuato
12. Guerrero
13. Hidalgo
14. Jalisco
15. México
16. Michoacán
17. Morelos
18. Nayarit
19. Nuevo León
20. Oaxaca
21. Puebla
22. Querétano
23. Quintana Roo
24. San Luis Potosí
25. Sinaloa
26. Sonora
27. Tabasco
28. Tamaulipas
29. Tlaxcala
30. Veracruz
31. Yucatán
32. Zacatecas

Fonte: ESQUIVEL (2000).

Mapa 2.2 Bolívia: principais regiões ecológicas

Mapa 2.3 Bolívia: departamentos e províncias

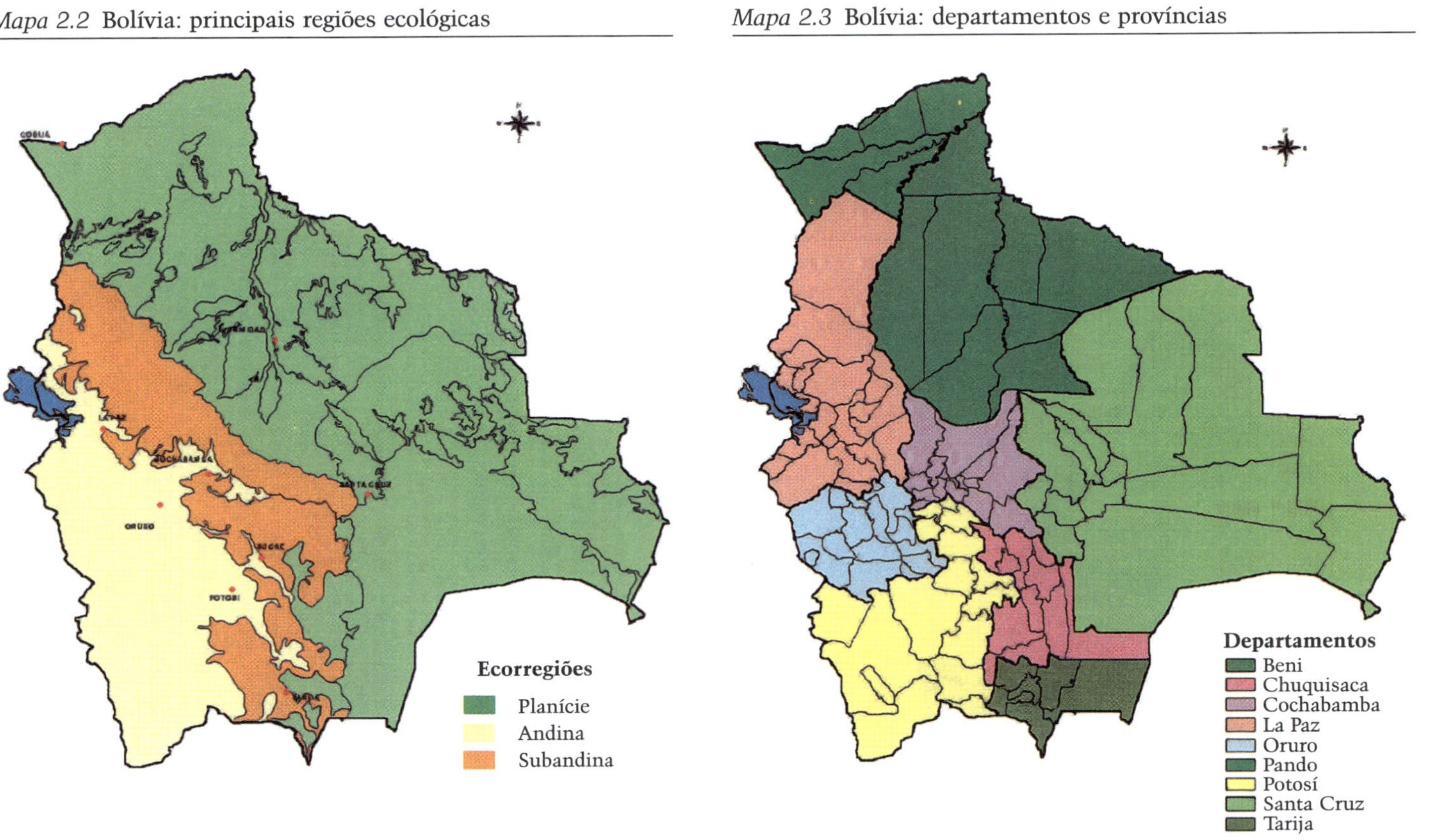

Fonte: URQUIOLA et al. (1999).

Fonte: URQUIOLA et al. (1999).

Mapa 2.4 Colômbia: principais cidades

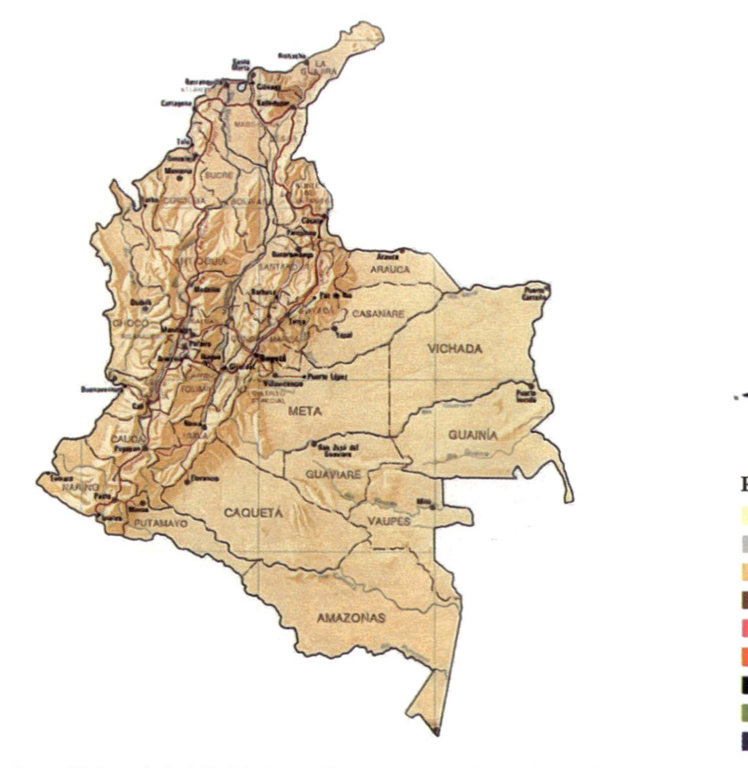

Fonte: Universidade A&M do Texas, Segurança Agrícola e Ambiental, <http://www-aes.tamu.ed/CA/Colomap.htm>

Mapa 2.5 Peru: oito regiões naturais

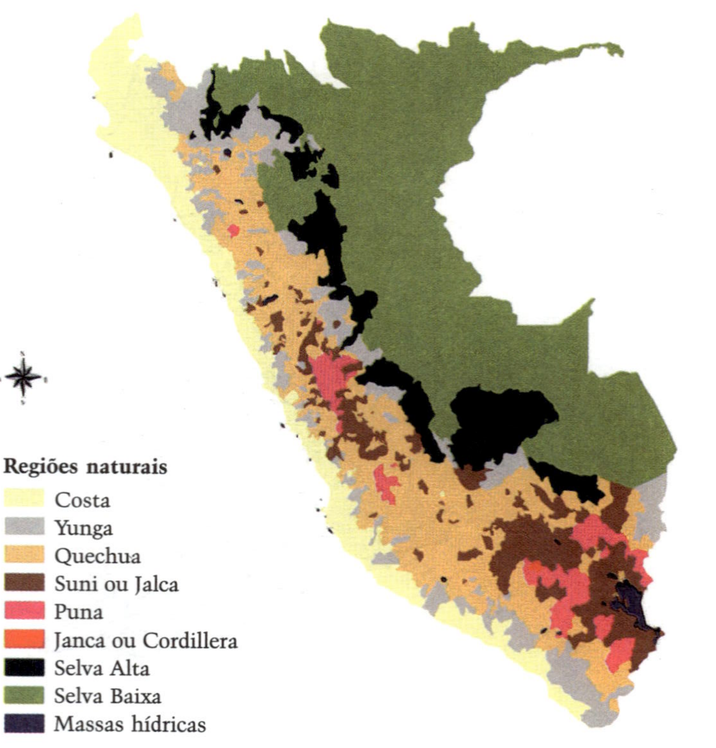

Fonte: ESCOBAL e TORERO (2000).

Mapa 2.6 Brasil: distribuição geográfica de uma seleção de doenças (Índices de morbidez: casos/população)

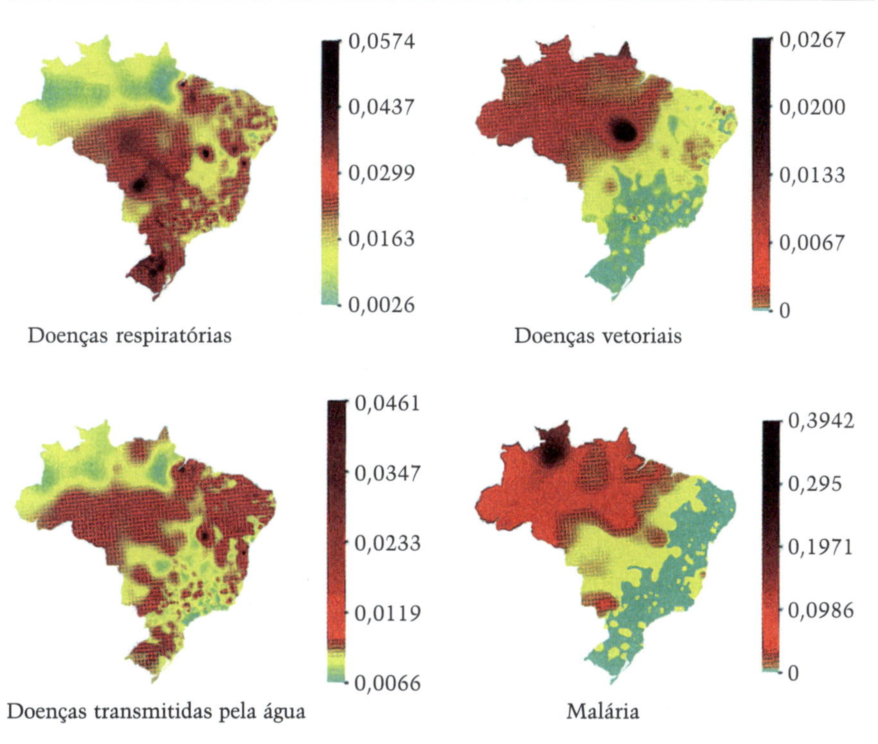

Fonte: ALVES et al. (2000).

Diagrama 2.5 Colômbia: níveis de renda *per capita* dos municípios e distância em relação a Bogotá

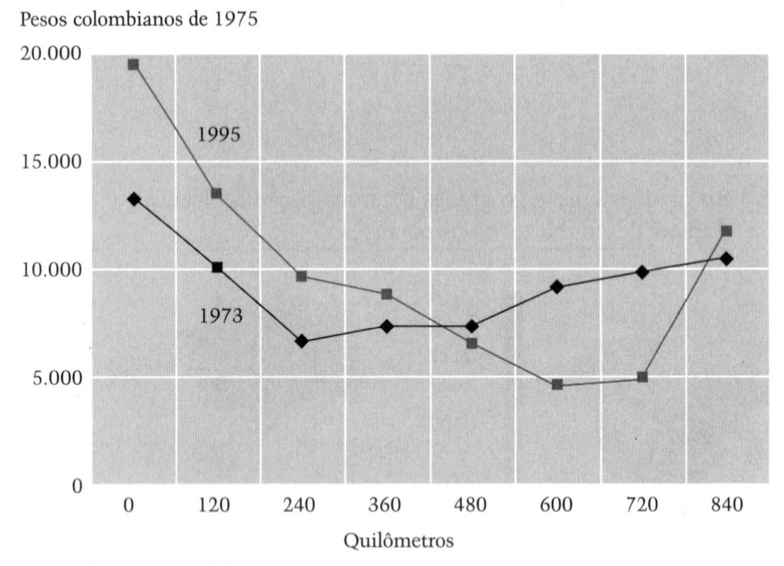

Fonte: SÁNCHEZ e NÚÑEZ (2000).

As empresas conseguiam cada vez mais competir em âmbito nacional. Para tanto, muitas delas se estabeleceram próximo a Bogotá, a fim de tirar proveito dos grandes mercados locais. Em conseqüência, o centro de gravidade da economia começou a se mover na direção da capital, provocando nesse processo uma série de baixas entre os municípios localizados na periferia. Alguns municípios perderam indústrias manufatureiras, outros perderam mercados para suas *commodities* que serviam de matéria-prima, e a maioria perdeu os funcionários mais preparados e mais talentosos.

A experiência colombiana parece lógica para uma economia fechada na qual as empresas atendem principalmente o mercado interno. Seria de esperar, então, que a redução de barreiras ao comércio internacional pudesse reverter a tendência à centralização, à medida que as empresas se transferissem para locais mais próximos do litoral, a fim de reduzir os custos de transporte. No entanto, a redução das restrições comerciais na Colômbia no início da década de 1990 consolidou, em vez de atenuar, o predomínio de Bogotá. Embora os motivos ainda sejam passíveis de discussão (e talvez tenha transcorrido muito pouco tempo para tirar conclusões definitivas), é evidente que não parece provável que as vantagens obtidas por Bogotá ao longo das últimas décadas desapareçam num futuro próximo. Não só a geografia continua influenciando os modelos de desenvolvimento regional da Colômbia, como a herança das políticas protecionistas do passado também continua viva.

Peru

Apenas poucos países apresentam tantas zonas climáticas e paisagens como o Peru, com suas florestas úmidas, altas cordilheiras e desertos secos.[19] O Peru contém 84 das 104 regiões ecológicas do mundo e 28 climas diferentes. Ele também apresenta um dos mais altos graus de desigualdade de renda entre as regiões da América Latina. Sua enorme diversidade geográfica e as acentuadas desigualdades de bem-estar em suas diferentes regiões fazem do Peru um intrigante estudo de caso na tentativa de mapear a interação entre geografia e crescimento econômico. Apesar do fato de ter havido várias tentativas de relacionar a diversidade geográfica do Peru a questões-chave como a localização dos assentamentos ou o estabelecimento das regiões administrativas, muito pouco foi feito para analisar os elos entre sua diversidade geográfica e o desenvolvimento, o crescimento econômico ou a pobreza.

A única exceção é o desenvolvimento dos "mapas da pobreza" pelo governo, para ajudar a tornar os programas sociais mais precisos. Uma das mais recentes tentativas a esse respeito é o esboço de índices de pobreza ao nível de província e distrito pelo Fundo Nacional de Compensação Social (Foncodes, em espanhol), a agência pública encarregada dos programas de redução da pobreza. Embora esses mapas sejam de natureza "geográfica", não foi feita nenhuma tentativa de relacioná-los às variáveis geográficas, como tentar descobrir se há alguma espécie de armadilha da pobreza decorrente das externalidades negativas de determinados "dotes geográficos".

Procuraremos, nesta seção, determinar o papel das variáveis geográficas, tanto as naturais quanto as produzidas pelo homem, explicando os diferenciais de prosperidade nas regiões do Peru, e considerando os debates das diretrizes sobre os fatores geográficos que importam para as perspectivas de crescimento econômico no nível micro. A seção termina examinando com mais profundidade o impacto dos fatores geográficos na desigualdade econômica do Peru através da lente das diferenças regionais na área da saúde.

Assim como a Bolívia, o Peru costuma ser dividido em três regiões distintas: a costa (litoral e planícies), a serra (a cordilheira dos Andes) e a floresta (Amazônia). Toda a área litorânea do Peru (cerca de 11% do território, mas ocupada por 49% da população total) é uma das regiões das secas do planeta. Em razão das águas frias ao largo da costa, dos Andes e dos ventos provenientes do Pacífico Sul, quase não chove no litoral. As áreas montanhosas do país incluem muitas cadeias de montanhas independentes, que representam 31% do território peruano. O transporte por essas montanhas normalmente é difícil, em particular no sul dos Andes. As condições climáticas também tornam inóspitas vastas áreas andinas do Peru. Grande parte do território peruano (cerca de 58%) localiza-se na bacia Amazônica. A maior

19 Esta seção sobre o Peru baseia-se em ESCOBAL; TORERO (2000) e em BITRÁN; MÁ; UBILLA (2000).

parte dessa área é coberta por uma densa floresta. As inundações são comuns, e muitas áreas ficam inundadas durante vários meses do ano.

Muitos observadores têm afirmado que três categorias regionais não bastam para cobrir a diversidade geográfica do Peru (Pulgar Vidal, 1946; Peña Herrera, 1986). Pulgar Vidal divide o Peru em oito diferentes "regiões naturais", conforme está descrito na Tabela 2.12 e representado no Mapa 2.5 (p.112).

Geografia e bem-estar econômico

A Tabela 2.13 mostra que as diferenças na renda *per capita* entre as regiões são maiores no Peru do que na Colômbia, no Brasil, no Chile e no México. De todos os países estudados por Fallon (1998), apenas a Argentina apresenta desigualdade regional superior à do Peru. Além disso, essa dispersão também é bastante grande nas diferentes regiões geográficas do país.

As disparidades regionais são, ao menos em parte, um reflexo das diferenças no fornecimento de infra-estrutura pública e de serviços públicos. Embora nos últimos anos o acesso a bens e serviços públicos tenha aumentado dramaticamente nas áreas rurais do Peru, ele continua a favorecer as áreas urbanas. Apenas na área da educação as regiões rurais foram claramente favorecidas pela recente expansão do auxílio governamental.

Tabela 2.12 Oito regiões naturais do Peru

Região	*Descrição*
Costa ou chala (costa ou planície)	Território abaixo de 500 m.a.n.m. (cerca de 1.600 pés) no lado ocidental dos Andes. Principalmente desértica.
Yunga (zona quente)	Em ambos os lados da cordilheira dos Andes, situa-se entre 500 e 2.300 m.a.n.m. (1.600 e 7.550 pés) (na face oeste) e 1.000 e 2.300 m.a.n.m. (3.200 e 7.500 pés) (na face leste). Formada normalmente por vales.
Quíchua (zona temperada)	Em ambos os lados da cordilheira dos Andes, situa-se entre 2.300 e 3.500 m.a.n.m. (7.500 e 11.500 pés). Formada normalmente por colinas e declives de inclinação média.
Suni ou jalca (terras frias)	Em ambos os lados da cordilheira dos Andes, situa-se entre 3.500 e 4.000 m.a.n.m. (11.500 e 13.000 pés). Formada normalmente por terreno inclinado.
Puna (planalto de altitude elevada)	No topo da cordilheira dos Andes, situa-se entre 4.000 e 4.800 m.a.n.m. (13.000 e 15.700 pés). Logo abaixo da zona nevada.
Janca ou cordilheira	No topo da cordilheira dos Andes, situa-se entre 4.800 e 6.768 m.a.n.m. (15.700 e 22.190 pés). Não é uma área contínua. Normalmente não há povoados permanentes nessa área (dos 1.879 distritos do Peru, só uma capital distrital situa-se a uma altitude superior a 4.800 m.a.n.m.).
Selva alta (floresta de alta altitude)	Situada na face leste dos Andes, entre 400 e 1.000 m.a.n.m. Floresta de montanha com diversos vales.
Selva baixa (floresta de baixa altitude)	Situada na face leste dos Andes, abaixo de 400 m.a.n.m. (1.300 pés).

Obs.: m.a.n.m. = metros acima do nível do mar.

Fonte: ESCOBAL e TORERO (2000), baseado em PULGAR VIDAL (1946).

Tabela 2.13 Dispersão da renda *per capita* regional em uma seleção de países latino-americanos

País	*Ano*	*Dispersão*
Colômbia	1989	0,358
Brasil	1994	0,424
Chile	1994	0,47
México	1993	0,502
Peru	1997	0,561
Argentina	1995	0,736

Obs.: Variação coeficiente não-ponderada.

Fonte: ESCOBAL e TORERO (2000), baseado em FALLON (1998) e LIVING STANDARDS MEASUREMENT SURVEYS (1997).

É claro que essas disparidades não significam necessariamente que as diferenças regionais, seja na infra-estrutura, seja nas condições naturais, têm um efeito direto sobre o bem-estar. Se não houver obstáculos à imigração, as famílias irão se mudar de acordo com suas preferências e habilidades. Mais cedo ou mais tarde, todas elas irão se mudar para a localidade que mais lhes convêm e, equilibradas, todas as diferenças espaciais serão explicadas com base nas características dos domicílios. Se for esse o caso, poder-se-á dizer que as diferenças geográficas perceptíveis encobrem o fato de que domicílios com as mesmas características têm o mesmo bem-estar, independentemente de sua localização.

As disparidades regionais do Peru devem-se à geografia?

Esse assunto pode ser tratado estudando-se os efeitos das variáveis geográficas sobre os níveis e as taxas de crescimento do gasto *per capita* em nível de província (o gasto *per capita* é usado como substituto do bem-estar). A questão é saber se as variáveis geográficas têm um papel a desempenhar mesmo após termos controlado algumas variáveis provinciais facilmente observáveis, como no estudo de caso da Colômbia, bem como no que diz respeito às características de cada domicílio (em uma amostra contendo mais de 3.600 domicílios para todo o país).

Algumas das variáveis consideradas no que diz respeito às províncias são semelhantes àquelas utilizadas no estudo de caso da Colômbia: variáveis geográficas, como os indicadores da geografia natural, a urbanização e a distância dos mercados, de um lado; e diversas variáveis que medem o fornecimento de infra-estrutura e de outros bens públicos, de outro. As características suplementares dos domicílios levadas em conta incluem o número de membros da família, seus anos de escolaridade, a experiência profissional, a condição de saúde e uma série de outros indicadores relativos a seus bens. A maioria das variáveis explicativas suplementares é influenciada pelos níveis de renda e, conseqüentemente, seus cálculos de coeficiente são prejudicados. No entanto, o motivo pelo qual eles são incluídos não é para avaliar a influência precisa desses fatores, mas para testar se as variáveis geográficas continuam importantes após sua inclusão, o que comprovaria a influência *direta* da geografia sobre a renda e o bem-estar.

A Tabela 2.14 mostra que a influência das variáveis geográficas sobre os níveis de bem-estar (medidos pelo gasto) parece consideravelmente maior quando não se leva em conta o papel das características do domicílio. Por exemplo, se são incluídas somente as variáveis geográficas, a temperatura parece ter um papel na explicação dos níveis de gasto. Mais especificamente, gasta-se menos com os domicílios situados em regiões com temperaturas muito baixas ou muito altas. No entanto, a temperatura perde muito de sua importância quando as variáveis que medem o papel dos bens particulares são acrescentadas à especificação. Como se esperava, características da família como educação, experiência de trabalho, experiência de migração e tamanho da família estão profundamente associadas aos níveis de gastos. É interessante observar que o porcentual de famílias de uma província cujas necessidades básicas não estão satisfeitas tem uma influência considerável sobre o gasto familiar, o que demonstra a importância da infra-estrutura pública indispensável, como serviços de água, esgoto, telefonia e eletricidade.

A Tabela 2.15 mostra um conjunto semelhante de resultados, que servem para avaliar a influência das variáveis geográficas sobre os índices de crescimento (em lugar dos níveis) do gasto *per capita* em nível de província (os índices de crescimento referem-se ao período 1972-93). São utilizados, uma vez mais, três grupos diferentes de variáveis independentes: características geográficas das províncias, infra-estrutura provincial e características médias das famílias (em relação ao último grupo de variáveis, empregamos os valores de 1972 para minimizar os problemas endógenos). Quando incluímos apenas variáveis geográficas na especificação, a altitude e a longitude mostram-se significativas e economicamente relevantes para explicar o crescimento do gasto. Nas províncias localizadas em altitudes mais elevadas e nas que se encontram mais distantes do litoral, o gasto tende a apresentar índices mais baixos de crescimento. Porém, uma vez mais, o acréscimo de variáveis que medem o estoque de bens, tanto públicos como privados, reduz de modo significativo a importância da maioria das variáveis geográficas.

É interessante observar que os saldos de todas as regressões apresentadas na Tabela 2.15 mostram níveis significativos de autocorrelação espacial.[20] Isto é, as províncias que apresentam crescimento rápido tendem a se agrupar mesmo depois de se levar em conta os efeitos das características geográficas e familiares. Esse resultado sugere que foram omitidas da

20 Utilizamos a estatística de Moran I para medir a correlação espacial. Esse indicador é semelhante à estatística de Durbin-Watson, freqüentemente utilizada para testar a autocorrelação em séries de dados temporais. Para uma análise aprofundada da correlação espacial dos indicadores sociais peruanos, ver ESCOBAL; TORERO (2000).

Tabela 2.14 Peru: determinantes do gasto *per capita* em nível de família, 1994

Variável independente	*[1]*	*[2]*	*[3]*
Geografia			
Altitude	0,272	–0,220	–0,123
	(0,93)	(–0,76)	(–0,54)
Temperatura	0,106**	0,067**	0,038**
	(5,72)	(3,93)	(2,66)
Temperatura ao quadrado	–0,002**	–0,001**	–0,001
	(–0,48)	(–2,80)	(–1,50)
Rochas ígneas	0,107	0,041	0,113**
	(1,46)	(0,60)	(2,16)
Rochas sedimentares	–0,132**	–0,094**	–0,014
	(–3,19)	(–2,40)	(0,46)
Profundidade do solo	0,002**	0,003**	0,001
	(2,25)	(3,75)	(2,00)
Urbanização	0,392**	–0,062	–0,121
	(4,36)	(–0,61)	(–1,51)
Distância da capital da província	–0,000	–0,001	–0,001
	(–0,50)	(–0,83)	(–1,20)
Altitude e urbanização*	0,697**	1,029**	0,607**
	(1,98)	(2,97)	(2,21)
Infra-estrutura			
Escolas *per capita* na província		0,360**	0,161
		(3,15)	(1,70)
Centros médicos *per capita* na província		0,275	0,337
		(0,92)	(1,39)
Necessidades básicas não-satisfeitas na província		–0,218**	–0,070**
		(–20,99)	(–7,11)
Bens privados			
Tamanho da família			–0,116**
			(–27,57)
Anos de escolaridade (chefe da família)			0,042**
			(14,38)
Anos de escolaridade (outros membros)			0,043**
			(13,00)
Experiência de trabalho potencial			0,006**
			(8,14)
Gênero do chefe da família			–0,013
			(–0,52)
Número de migrantes			0,016**
			(2,16)
Período doente (chefe da família)			0,001
			(0,06)
Economias			0,031**
			(4,560)
Valor dos bens duráveis			0,003
			(1,50)
Pseudo R^2	0,071	0,176	0,492
Registros	3,623	3,623	3,623

Obs.: Todas as regressões incluem um termo constante. As estatísticas *t* estão entre parênteses.
** Significativo a 5%.

Fonte: ESCOBAL e TORERO (2000).

Tabela 2.15 Peru: determinantes do índice de aumento do gasto *per capita* entre 1972-93

Variável independente	*[1]*	*[2]*	*[3]*
Geografia			
Altitude	-1,108**	-0,787*	0,262
	(-2,88)	(-2,09)	(0,68)
Latitude	-0,023	-0,031	-0,023
	(-1,33)	(-1,81)	(-1,22)
Longitude	-0,056**	-0,057**	-0,018
	(-3,12)	(-3,35)	(-1,21)
Declive do solo	-0,001	0,002	0,003
	(-0,40)	(0,53)	(1,65)
Profundidade do solo	-0,003	-0,002	0,002
	(-1,00)	(-0,85)	(1,00)
Rocha ígnea	-0,214	-0,294**	-0,320**
	(-1,70)	(-2,39)	(-3,20)
Rocha metamórfica	0,073	0,054	-0,132
	(0,49)	(0,371)	(-1,08)
Temperatura	-0,019	-0,005	-0,011
	(-1,91)	(-0,45)	(-1,27)
Infra-estrutura			
Necessidades básicas não-satisfeitas na província		-0,056**	-0,022
		(-4,32)	(-1,31)
Necessidades básicas caras			0,005
			(0,05)
Índice de freqüência escolar na província			0,014**
			(4,77)
Famílias comandadas por mulheres na província (%)			-0,011*
			(-2,18)
Crianças que trabalham na província (%)			0,053**
			(2,67)
Bens privados			
Tamanho da família			0,078
			(0,59)
Aumento do tamanho da família			-0,262
			(-1,87)
Número de migrantes			0,017
			(0,59)
Índice de Moran	0,109	0,101	0,082
Valor Z	3,123	2,966	2,788
R^2 ajustado	0,122	0,195	0,486
Registros	190	190	190

Obs.: Todas as regressões incluem um termo constante. As estatísticas *t* estão entre parênteses.
* Significativo a 10%.
** Significativo a 5%.

Fonte: ESCOBAL e TORERO (2000).

análise algumas variáveis geográficas fundamentais ou alguns atributos familiares que têm correlação espacial. Independentemente do motivo, esse resultado significa que as famílias que compartilham dos mesmos traços observáveis mas moram em regiões diferentes têm níveis diferentes de bem-estar e, em conseqüência, que os programas sociais que utilizam parâmetros geográficos são amplamente justificáveis (Ravallion e Wodon, 1997).

Em resumo, duas conclusões fundamentais emergem. A primeira, que as variáveis geográficas (precipitação pluviométrica, temperatura, altitude) não parecem ter influência *direta* no gasto familiar. Isso não quer dizer, no entanto, que a geografia não seja importante, e sim que sua influência sobre os níveis de gasto e diferenciais de crescimento pode ocorrer pelo fornecimento geograficamente distorcido da infra-estrutura pública e por seus efeitos sobre as decisões que os indivíduos tomam em relação à educação e à migração. Além do mais, quando se mede o ganho (ou a perda) esperado(a) em termos de consumo pelo fato de habitar uma região geográfica (o litoral, por exemplo) em comparação com outra (as montanhas, por exemplo), a maior parte da diferença no logaritmo do gasto *per capita* entre a montanha e o litoral pode ser atribuída às diferenças de infra-estrutura e de bens particulares. Isso poderia ser um sinal de que a disponibilidade de infra-estrutura e serviços sociais básicos (como saúde e educação) está limitada pela geografia e, portanto, as regiões geográficas mais desfavoráveis são aquelas com menos acesso à infra-estrutura e aos serviços sociais públicos, como examinaremos mais adiante em relação ao caso dos serviços de saúde.

Segundo, as famílias ricas e pobres tendem a se agrupar de um modo que não pode ser explicado pela correlação espacial de características familiares observáveis. Dessa forma, embora as evidências diretas não nos forneçam muitas provas de que as diferenças regionais no Peru sejam induzidas pelas diferenças geográficas, o amontoado dramático das famílias pobres sugere que algumas variáveis geográficas não observadas podem desempenhar papel importante.

Uma conclusão inesperada dos dados – relevante para os responsáveis por políticas públicas – é o fato de que as externalidades geográficas desfavoráveis podem incentivar a migração. A respeito da ampliação da infra-estrutura, por exemplo, certos investimentos, como em educação, movem-se de acordo com a migração, enquanto outros não. Portanto, nas regiões geográficas mais desfavoráveis, poderia ser mais proveitoso investir em uma infra-estrutura móvel que desse às pessoas as ferramentas necessárias para migrar dessas regiões e, conseqüentemente, aumentar a probabilidade de escapar da armadilha da pobreza.

Geografia e saúde

As desigualdades regionais no Peru não se limitam à pobreza e ao consumo. O Diagrama 2.6 mostra que as regiões peruanas também diferem muito em termos de indicadores de saúde. A mortalidade infantil nas áreas rurais é o

Diagrama 2.6 Peru: índices de mortalidade infantil por região e educação materna em 1997

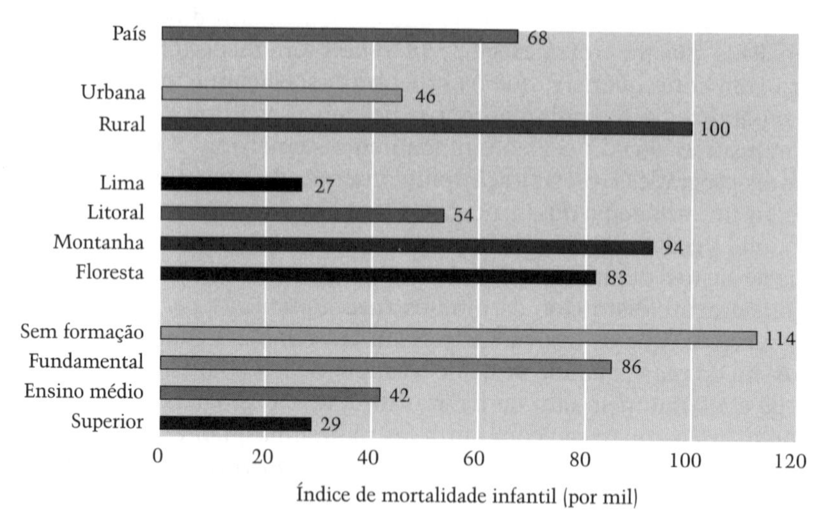

Fonte: BITRÁN; MÁ; UBILLA (2000).

dobro das áreas urbanas. A mortalidade infantil também é muito maior nas regiões de montanha e de floresta do que no litoral.

Teoricamente, as diferenças regionais em termos de resultados de saúde podem ser, em parte, induzidas por diferenças regionais na geografia natural. As pessoas que moram nas regiões úmidas sofrem um risco maior de contrair doenças respiratórias; as que moram nas montanhas são mais propensas às doenças cardiorrespiratórias; e os habitantes das regiões de floresta estão expostos a enorme variedade de doenças infecciosas (leishmaniose, bartolenose e febre amarela, por exemplo). Mas as diferenças regionais em termos de resultados de saúde também podem ser induzidas por diferenças no atendimento e na infra-estrutura de saúde. A Tabela 2.16 mostra, por exemplo, que o alcance da vacinação difere bastante de uma região peruana para outra, em especial no que se refere às famílias pobres. Enquanto no litoral 42% das crianças cujas mães não completaram o ensino fundamental são vacinadas, nas montanhas essa cifra é de apenas 14%.

Além disso, as diferenças regionais em termos de resultados de saúde também podem ser induzidas por características familiares. Algumas regiões podem exibir melhores resultados em termos de saúde simplesmente porque abrigam mais famílias de classe média e abastadas. Em suma, as diferenças regionais em termos de saúde podem surgir mesmo quando a geografia natural não desempenha nenhum papel e os recursos de saúde são distribuídos de maneira uniforme.

A Tabela 2.17 mostra as determinantes dos índices de mortalidade infantil em nível[21] provincial para examinar se, após ter sido feito o controle das diferenças mais evidentes em infra-estrutura de saúde e características familiares, os indicadores geográficos interferem nos resultados. Se incluímos apenas as variáveis geográficas, tornam-se perceptíveis algumas simetrias empíricas: as províncias localizadas em altitudes mais baixas, latitudes mais ao sul e próximas do litoral tendem a apresentar índices mais baixos de mortalidade infantil. Uma vez ampliada nossa especificação, a altitude e a latitude deixam de apresentar uma ligação estreita com a mortalidade infantil, mas o fato de estar perto do litoral mantém a importância desta em todas as especificações.

A Tabela 2.17 também demonstra que os índices de mortalidade infantil são mais baixos nas províncias onde os índices de analfabetismo e o porcentual de domicílios sem eletricidade também são baixos. Surpreendentemente, os índices de mortalidade infantil parecem subir à medida que aumenta a disponibilidade de instalações de saúde. Dada a possibilidade de uma

Tabela 2.16 Peru: cobertura da vacinação de crianças com até 5 anos de idade, 1987 (porcentual)

	Região natural			
Variável	*Litoral*	*Montanha*	*Floresta*	*País*
Tipo de vacina				
BCG	84.0	50.0	57.1	67.6
Pólio	54.3	18.3	32.4	37.8
DPT	52.2	17.9	31.2	36.5
Sarampo	67.1	39.3	50.4	54.4
Todos os tipos	46.4	13.0	27.6	31.3
Formação da mãe				
Nenhuma	31.6	10.8	16.4	16.2
Ensino fundamental incompleto	42.0	14.2	23.9	26.6
Ensino fundamental completo	50.6	25.7	40.2	42.2
Ensino médio	60.2	35.8	60.5	55.7
Ensino superior	69.7	51.4	79.7	65.3

Obs.: BCG = Bacilo Calmette-Guerin; DPT = difteria, tétano e coqueluche.

Fonte: BITRÁN; MÁ; UBILLA (2000), baseado em MUSGROVE (1986).

21 Embora os índices de mortalidade infantil (IMFs) do Peru estejam disponíveis em nível provincial, o Instituto Nacional de Estatística do país tem atribuído os IMRs às províncias utilizando análises regressivas a partir de alguns valores departamentais. As variáveis geográficas também estão disponíveis em nível provincial, com exceção da temperatura, a qual está disponível somente por departamento. Alguns dados relacionados à saúde só existem até o nível departamental. Por fim, os dados sobre as famílias e os indivíduos, como o acesso aos serviços públicos básicos e à educação, existem tanto em relação aos departamentos quanto às províncias. Para uma descrição abrangente dos dados de saúde no Peru, ver BITRÁN; MÁ; UBILLA (2000).

Tabela 2.17 Peru: determinantes da mortalidade infantil em nível provincial

Variável independente	*[1]*	*[2]*	*[3]*	*[4]*
Geografia				
Altitude	0,010**	0,003**	0,001	(0,001
	(8,28)	(2,77)	(1,23)	(0,72)
Chuva	0,006**	-0,001	-0,002	-0,001
	(2,76)	(-0,41)	(-0,93)	(-0,67)
Distância do do litoral	2,353**	2,492**	3,473**	3,072**
	(2,89)	(3,62)	(5,96)	(5,32)
Latitude	-2,675**	-2,010**	-1,735**	-0,963
	(-3,82)	(-3,26)	(-3,31)	(-1,75)
Temperatura	-0,117	0,162	-0,054	0,016
	(-0,52)	(-0,87)	(-0,35)	(0,11)
Urbanização				
Urbano		-0,393**	0,077	0,147
		(-9,07)	(1,02)	(1,90)
Densidade populacional		-0,001	-0,001	0,000
		(-0,52)	(-1,37)	(-0,23)
Infra-estrutura				
Analfabetismo			1,040**	0,986**
			(6,98)	(6,48)
Domicílios sem eletricidade		0,256**	0,244**	
		(2,93)	(2,86)	
Infra-estrutura de saúde (por mil pessoas)				
Médicos				-21,297**
				(-3,08)
Hospitais				-108,736
				(-1,05)
Centros e postos de saúde				24,918**
				(3,106)
Leitos de hospital				-0,119
				(-0,69)
R^2	0,622	0,743	0,823	0,836
Registros	190	190	190	190

Obs.: Todas as regressões incluem um termo constante. As estatísticas *t* estão entre parênteses.
** Significativo a 5%.

Fonte: BITRÁN; MÁ; UBILLA (2000).

causalidade inversa, esse resultado não deve necessariamente fazer que se deduza que os gastos com saúde têm um efeito perverso sobre os resultados no campo da saúde. No Peru, os investimentos em instalações públicas ambulatoriais, especialmente em postos de saúde, têm crescido de maneira surpreendente desde meados da década de 1980, e o princípio norteador para a alocação espacial das novas instalações têm sido os índices de mortalidade infantil provincial. Se o impacto desses novos investimentos ocorre com defasagem, a disponibilidade de postos de saúde e os índices de mortalidade infantil devem apresentar uma correlação negativa, como de fato ocorre na realidade.

A partir dessa análise, é possível chegar a uma conclusão importante a respeito da saúde no Peru. Quanto mais nos dirigimos para as províncias litorâneas, melhores são as condições de saúde. Como essa tendência não é plenamente explicada por diferenças de infra-estrutura de saúde, de urbanização ou de níveis educacionais, é possível afirmar que ela pode muito bem refletir a influência de algumas características geográficas não percebidas sobre os resultados referentes à saúde. É preciso, evidentemente, pesquisar mais para ratificar esse resultado e indicar com precisão quais são os mecanismos específicos por meio dos quais a geografia afeta os resultados referentes à saúde.

Brasil

A geografia do Brasil inclui savanas temperadas, florestas úmidas e litorais áridos.[22] As temperaturas médias aumentam incrivelmente à medida que deixamos o Sudeste densamente povoado em direção ao Nordeste escassamente povoado. A precipitação pluviométrica aumenta subitamente quando nos dirigimos para o Oeste, na direção da bacia Amazônica. Se, como muitos cientistas prevêem, a temperatura média global e a precipitação pluviométrica aumentarem ao longo do século XXI, as conseqüências para a saúde e o desenvolvimento no Brasil podem ser especialmente desfavoráveis. Portanto, compreender como a mudança ambiental presume um impacto à saúde pode ter importância decisiva.

Saúde e aquecimento global

Uma mudança climática imprevisível e significativa desafia a capacidade das sociedades e das instituições de reagir de maneira adequada. A ocupação do litoral, a agricultura, o abastecimento de água, a saúde e outros sistemas sociais estão todos ameaçados pelas enormes variações de temperatura e de precipitação pluviométrica. Especialmente em relação à saúde, há uma preocupação crescente entre os médicos e os climatologistas de que mudanças climáticas significativas poderiam provocar problemas ainda maiores em regiões do mundo que já se debatem contra as doenças existentes, ao mesmo tempo que trariam novos problemas a regiões que já estão relativamente imunes a determinadas doenças.

Como os especialistas em saúde pública podem prever e monitorar o impacto dessa nova ameaça sobre a saúde da população? Não surpreende que a Organização Mundial da Saúde (1990) considere que as conseqüências do aquecimento global para a saúde estarão entre os problemas mais urgentes do século XXI. É necessário detectar e prever esses efeitos logo para que possam ser desenvolvidas e adotadas medidas de defesa e mecanismos

---

22 Esta seção sobre o Brasil baseia-se em ALVES et al. (2000).

de adaptação. Com uma diversidade sem par de zonas climáticas, o Brasil representa um excelente laboratório para o estudo desses efeitos. Dependendo de como evoluam no futuro as emissões de gases do efeito estufa, ao longo do século XXI a temperatura média global pode aumentar em torno de 1 a 4 graus Celsius (1,8 a 7,2 graus Fahrenheit). O nível do mar pode subir 15 a 90 centímetros (6 a 35 polegadas), com o conseqüente aumento da evaporação e da precipitação médias. No Brasil, uma mudança climática dessa magnitude poderia ter um impacto substancial sobre a saúde, tanto direta – produzindo, por exemplo, aumento acentuado da mortalidade relacionada ao calor – como indiretamente, aumentando a área de ocorrência das doenças parasitárias vetoriais e infecciosas.

O estudo descrito nesta seção foi elaborado para esclarecer a relação entre geografia e saúde, por meio do desenvolvimento de um modelo que prevê o impacto de determinadas variáveis climáticas sobre os padrões de morbidade em relação a grupos selecionados de doenças. O estudo analisa, mais especificamente, os efeitos diretos dos aumentos de temperatura e de precipitação pluviométrica, bem como os efeitos indiretos de outras variáveis geográficas/climáticas, como altitude e distância do mar, sobre as doenças respiratórias, transmitidas pela água e vetoriais.[23] Essas doenças não só são conhecidas por serem muito sensíveis às mudanças climáticas, como também são responsáveis por grande parte das internações hospitalares e das mortes no Brasil. São utilizados dados em nível de município – a menor unidade administrativa.

Sensibilidade a fatores climáticos

As altas temperaturas aumentam o risco de doenças respiratórias de diversas maneiras. O frio aumenta a suscetibilidade às infecções respiratórias, o calor intensifica os efeitos da poluição do ar e o estresse térmico potencializa o risco de um grande número de complicações respiratórias. De acordo com Martens (1998), o aumento de 1 grau Celsius (1,8 grau Fahrenheit) na temperatura média acima do conforto térmico pode aumentar em até 10% a mortalidade provocada por doenças respiratórias.

Mudanças na temperatura e nos padrões de chuva também podem influenciar a incidência de doenças infecciosas transmitidas pela água. A falta de água nas casas, que pode levar à utilização de água de superfície contaminada, está relacionada à maior incidência de diarréia e salmonela em crianças, bem como de febre tifóide em adultos. As altas temperaturas, que podem aumentar o consumo de água e de frutas, também estão associadas às infecções mais comuns transmitidas pela água.

23 As doenças respiratórias incluem pneumonia, broncopneumonia e doenças obstrutivas (asma, enfisema e bronquite crônica). As doenças transmitidas pela água incluem gastrenterite, febre tifóide e cólera. Doenças vetoriais incluem malária, dengue e leishmaniose.

O aumento da umidade e da chuva influencia a proliferação e o comportamento dos vetores e facilita a viabilidade e a maturação dos agentes etiológicos (McMichael e Haines, 1997). A alta umidade intensifica o metabolismo dos vetores, em especial dos mosquitos, acelerando a maturação dos agentes etiológicos e tornando-os infecciosos para os seres humanos por períodos mais longos. Por outro lado, a baixa umidade pode desidratar os vetores, obrigando a fêmea a se alimentar mais de sangue (Curto de Casas e Carcavallo, 1995). De modo similar, as chuvas abundantes podem eliminar as larvas, enquanto a escassez de chuva pode reduzir o acúmulo de água necessário para o desenvolvimento das larvas.

Conforme foi mencionado no Capítulo 1, a temperatura está profundamente ligada à incidência de malária. A faixa ideal para a transmissão da malária concentra-se entre 20 e 27 graus Celsius (60 e 80,6 graus Fahrenheit). Nas áreas em que a transmissão é intermitente, o aumento de temperatura de 3 graus Celsius (5,4 graus Fahrenheit) pode multiplicar por 30 o potencial epidêmico, e triplicá-lo nas áreas em que a transmissão é endêmica (Alves et al., 2000).

Importância para a saúde pública

As doenças respiratórias são uma causa importante da mortalidade e da morbidade no Brasil, principalmente entre as crianças com menos de cinco anos de idade e os idosos. Elas são responsáveis por 11% de todas as mortes e por 15% das hospitalizações.

Antes de 1970, as doenças transmitidas pela água eram uma causa importante da mortalidade das crianças com menos de cinco anos de idade. Entretanto, a mortalidade provocada por essas doenças apresentou queda constante ao longo das duas últimas décadas, resultado principalmente dos investimentos nos sistemas de tratamento de água e de esgotos. Não obstante essa tendência inegável, o Brasil foi afetado pelo ressurgimento recente do cólera na América Latina. O primeiro caso foi registrado em abril de 1991, perto da fronteira com o Peru. Nos anos seguintes, o cólera espalhou-se rapidamente por toda a região Norte e Nordeste do país, seguindo as bacias fluviais amazônicas. Aproximadamente 50 mil casos foram registrados em 1993 e 1994, durante o auge da epidemia. Embora o cólera esteja hoje sob controle, ele tem um potencial epidêmico enorme.

As doenças vetoriais são uma causa importante das enfermidades no Brasil. A malária é um dos mais importantes problemas de saúde pública do país. No início da década de 1950, havia cerca de 8 milhões de casos de malária a cada ano. Epidemias de dengue ocorreram com freqüência durante as duas últimas décadas. A primeira foi em Roraima, em 1982, atingindo cerca de 12 mil pessoas. Em 1986, ocorreram epidemias no Rio de Janeiro, no Ceará e em Alagoas. No Sul e no Sudeste, os índices de incidência de leishmaniose cutânea estão abaixo de 30 casos por 100 mil habitantes, mas em algumas áreas da Amazônia podem chegar a 200 casos por 100 mil.

Distribuição geográfica da morbidade das doenças

O Mapa 2.6 (p.113) mostra a distribuição geográfica dos índices de morbidade de grupos selecionados de doenças, baseada em dados referentes a mais de 4 mil municípios brasileiros. Os índices de mortalidade e morbidade são muito parecidos para todos os grupos de doenças analisados.[24]

As doenças respiratórias são comuns em todo o país, ao passo que as doenças transmitidas pela água predominam mais no Norte e no Nordeste, afetando sobretudo os municípios próximos aos portos fluviais e marítimos. As doenças vetoriais em geral, e a malária, em particular, estão altamente concentradas no Norte e em algumas áreas do Centro-Oeste.

A Tabela 2.18 apresenta índices de hospitalização por 10 mil habitantes em cada estado brasileiro. A hospitalização provocada por doenças transmitidas pela água varia de menos de 17 casos por 10 mil habitantes em São Paulo a quase 100 casos no Pará. As hospitalizações por doenças vetoriais variam de 0,03 caso por 10 mil habitantes no Rio Grande do Sul a 43 casos no Acre.

Como os dados referentes aos índices de hospitalização refletem apenas a ocorrência dos casos mais graves – e a gravidade pode variar de uma região para outra –, as diferenças dos índices de hospitalização não indicam necessariamente diferenças de incidência. Em relação às doenças vetoriais, p. ex., os dados disponíveis referem-se sobretudo aos casos mais graves de malária (e possivelmente a poucos casos de leishmaniose visceral).

Medição dos efeitos do clima sobre a saúde

A ampla variação espacial do clima no Brasil permite que se estudem os efeitos da chuva e da precipitação pluviométrica sobre os índices de saúde. Quando os dados são utilizados em relação à morbidade em nível municipal para doenças selecionadas, emprega-se a correlação observada entre morbidade e medições sazonais de precipitação pluviométrica, enquanto é feito o controle de outras características municipais exógenas que podem influenciar os índices de saúde.

Calcula-se a morbidade (ou ocorrência de doença) como o número de casos de doença notificados dividido pela população do município (de acordo com o último levantamento de 1996 e 1991, respectivamente). Além da temperatura e da precipitação pluviométrica, as variáveis explicativas incluem medições de educação média, estrutura etária, altitude, distância do mar e densidade populacional.

Como no caso do Peru, existe o risco de que a temperatura e a chuva possam trazer para o campo de análise características municipais não observadas. Por esse motivo, Alves et al. (2000) também incluíram simulações para

---

24 Os dados sobre mortalidade são do Sistema de Informação sobre Mortalidade (SIM), administrado pelo Ministério da Saúde. Os dados sobre a hospitalização são do Sistema de Informação Hospitalar (Datasus). Em relação à malária e ao cólera, os dados são do Centro Nacional de Epidemiologia (Cenepi). Para uma descrição completa das fontes dos dados, ver ALVES et al. (2000).

seis regiões brasileiras (isto é, as Regiões Norte, Nordeste, Minas Gerais, Rio—São Paulo, Sul e Central), já que acreditam que, ao eliminar todos os possíveis desvios decorrentes de características regionais não-observadas, a inclusão de simulações regionais pode atenuar esse problema. No entanto, deve-se observar que o preço pago por utilizar simulações regionais é desconsiderar as amplas variações climáticas entre as regiões brasileiras. Para avaliar os efeitos do clima sobre a incidência das doenças selecionadas, eles usam o modelo de Tobit, o qual é a escolha lógica, considerando-se que grande número de municípios não registra nenhuma hospitalização relacionada às doenças em análise, em especial no que se refere àquelas transmitidas pela água e por vetores. Foram registrados os efeitos marginais das variáveis de interesse discriminadas por região.[25]

Tabela 2.18 Brasil: taxas de hospitalização por 10 mil habitantes, por doença e por estado, 1996

	Doença		
Estado	*Respiratória*[a]	*Transmitida pela água*[b]	*Transmitida por vetor*[c]
Rondônia	201,18	65,33	37,34
Acre	141,48	55,68	43,02
Amazonas	96,25	32,92	17,39
Roraima	105,48	24,17	27,81
Pará	184,92	98,64	17,88
Amapá	112,84	39,43	35,90
Tocantins	246,99	70,88	8,39
Maranhão	241,19	69,33	2,92
Piauí	199,27	72,70	0,66
Ceará	193,52	78,56	0,45
Rio Grande do Norte	166,70	69,46	1,26
Paraíba	215,71	65,16	0,42
Pernambuco	173,22	61,91	0,53
Alagoas	195,11	92,67	0,44
Sergipe	141,59	34,36	0,84
Bahia	188,91	66,19	1,21
Minas Gerais	195,53	37,71	0,23
Espírito Santo	164,51	33,26	0,10
Rio de Janeiro	143,08	26,38	0,08
São Paulo	126,57	16,73	0,11
Paraná	208,85	34,74	0,10
Santa Catarina	227,52	49,79	0,04
Rio Grande do Sul	250,17	40,88	0,03
Mato Grosso	165,86	50,29	0,03
Mato Grosso do Sul	228,97	46,60	3,50
Distrito Federal	334,68	18,89	0,00
Goiás	163,88	27,75	0,32

a. Grupos de acordo com a Classificação Internacional de Doenças (CID 10).
b. Cólera, febre tifóide e diarréia.
c. Malária, leishmaniose e dengue.

Fonte: ALVES et al. (2000).

25 Os desvios-padrão com relação aos efeitos marginais foram extraídos por *bootstrap* (método genérico para estimar variabilidade em estatística – N.T.) das matrizes de variância-covariância dos parâmetros considerados.

O Diagrama 2.7 mostra as influências da temperatura sobre as doenças respiratórias. Embora a influência da temperatura anual seja muito pequena, as temperaturas da primavera e do verão estão nitidamente associadas a índices mais altos de ocorrência de doenças respiratórias. Em contrapartida, as temperaturas do outono e do verão estão associadas a índices mais baixos de ocorrência. Em suma, mudanças de tempo mais acentuadas (verões quentes seguidos de invernos frios) tenderão a aumentar a ocorrência de doenças respiratórias.

O Diagrama 2.8 mostra os efeitos da precipitação pluviométrica e da densidade populacional sobre a ocorrência de doenças transmitidas pela água. O aumento do volume de chuva está associado a índices menores de morbidade, em especial nas Regiões Norte e Nordeste. No Norte, o acréscimo de 2,54 centímetros (1 polegada) de chuva por ano reduz os índices de ocorrência em mais de sete casos por 10 mil pessoas – uma queda de 20% em alguns estados. O Diagrama 2.9 mostra os efeitos da temperatura na ocorrência de doenças transmitidas pela água. Embora as temperaturas médias anuais sejam ligeiramente favoráveis, as temperaturas no verão parecem ser bastante prejudiciais, em especial no Norte e no Nordeste.

O Diagrama 2.10 mostra que o aumento da chuva na primavera amplia a ocorrência de doenças vetoriais tanto no Norte quanto nas regiões centrais. Em contraposição, o aumento da chuva no inverno reduz a morbidade das doenças vetoriais no Norte. O Diagrama 2.11 mostra que temperaturas mais altas no outono parecem ser benéficas ao país como um todo, ao passo que temperaturas mais altas no inverno se mostram prejudiciais no Norte e nas regiões centrais. É provável que esses padrões sazonais complexos estejam relacionados com o ciclo de vida do mosquito Anopheles.[26]

Após analisar os efeitos do clima sobre a saúde no Brasil, chegamos a três conclusões principais. Primeira: os efeitos da temperatura e da precipitação pluviométrica sobre os índices de saúde são bem diferentes de uma região para outra. Segunda: esses efeitos dependem de complexas interações entre precipitação pluviométrica e temperatura, e mesmo entre clima, padrões de fixação da população e educação. E, por último: a amplitude e o padrão sazonal dos efeitos climáticos diferem bastante entre os diversos grupos de doenças considerados.

O trabalho dos cientistas mal começou e o desafio para os responsáveis pelas políticas públicas do Brasil é grande. A influência das variáveis climáticas sobre os índices de saúde é evidente, mas as complexidades da interação desautorizam conclusões claras e universais, mesmo quando analisadas estaticamente em determinado momento no tempo. Isso complica a já intimidadora tarefa de nos prepararmos para os efeitos das mudanças climáticas no decorrer do tempo.

---

26 Os efeitos da chuva e da temperatura sobre a malária são quase idênticos aos das doenças vetoriais como um todo (ver ALVES et al. 2000).

Diagrama 2.7 Limites dos efeitos marginais da temperatura sobre doenças respiratórias

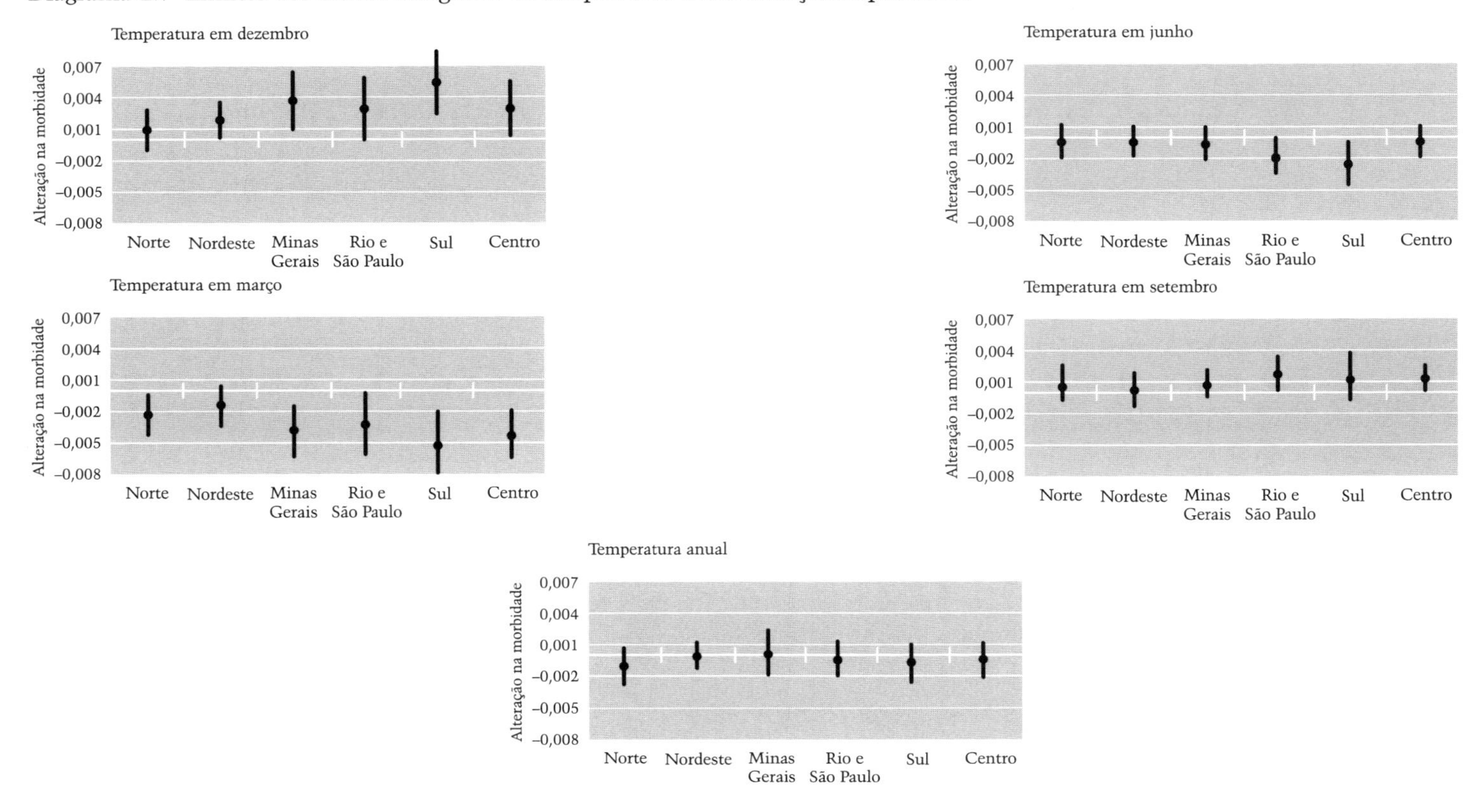

Diagrama 2.8 Limites dos efeitos marginais da precipitação pluviométrica e da densidade populacional sobre doenças transmitidas pela água

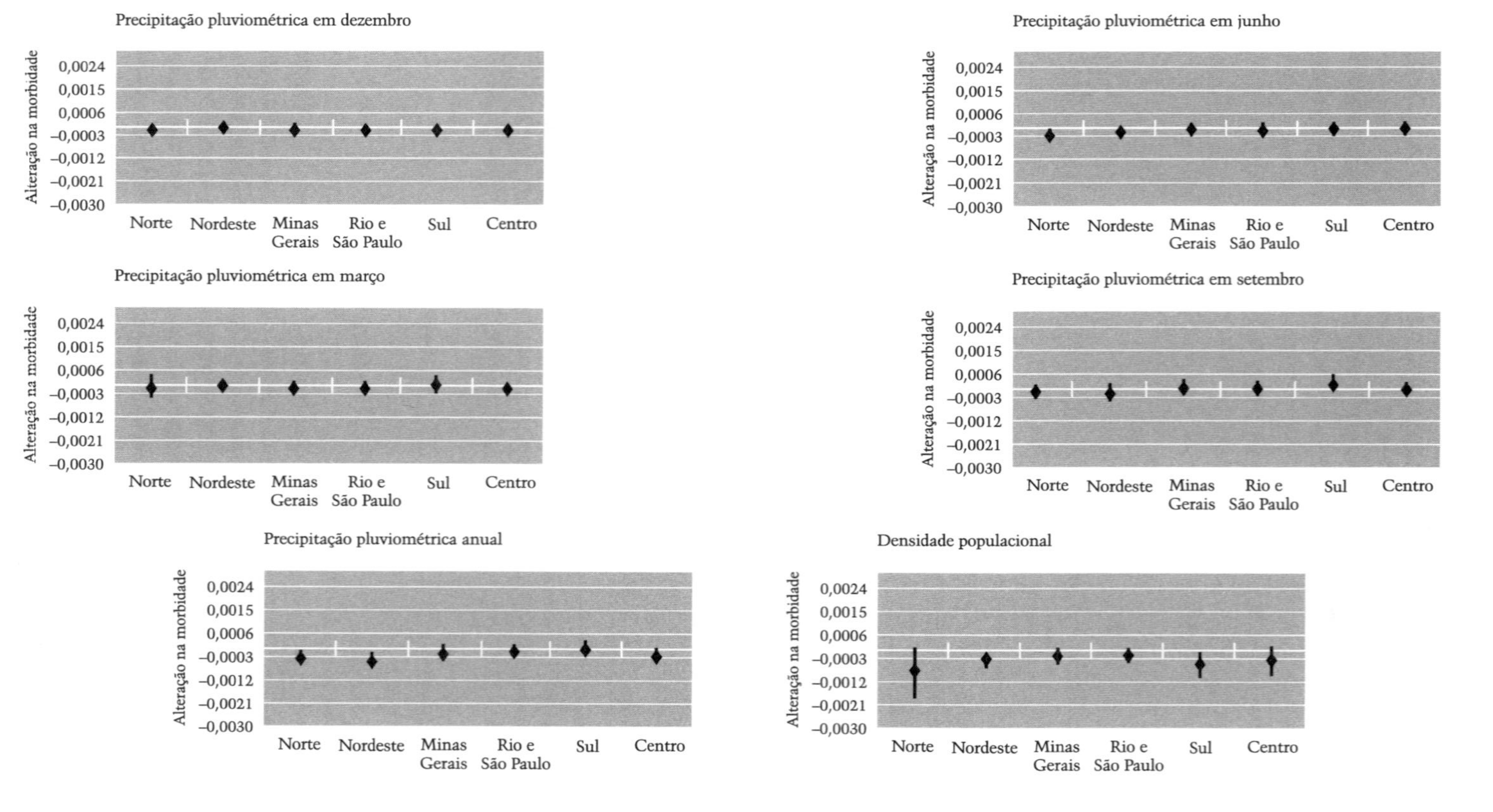

Diagrama 2.9 Limites dos efeitos marginais da temperatura sobre doenças transmitidas pela água

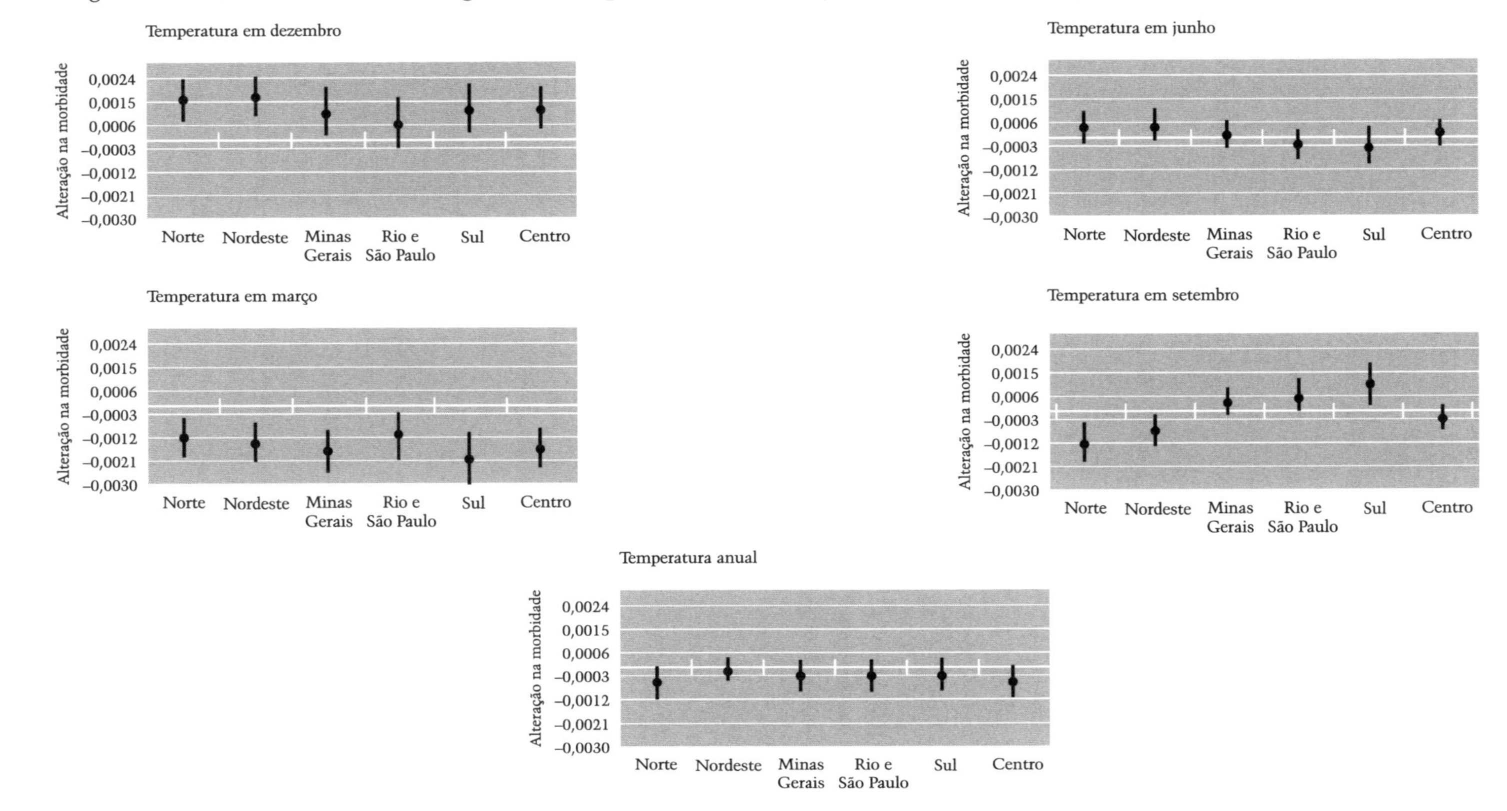

Diagrama 2.10 Limites dos efeitos marginais da precipitação pluviométrica e da densidade populacional sobre doenças vetoriais

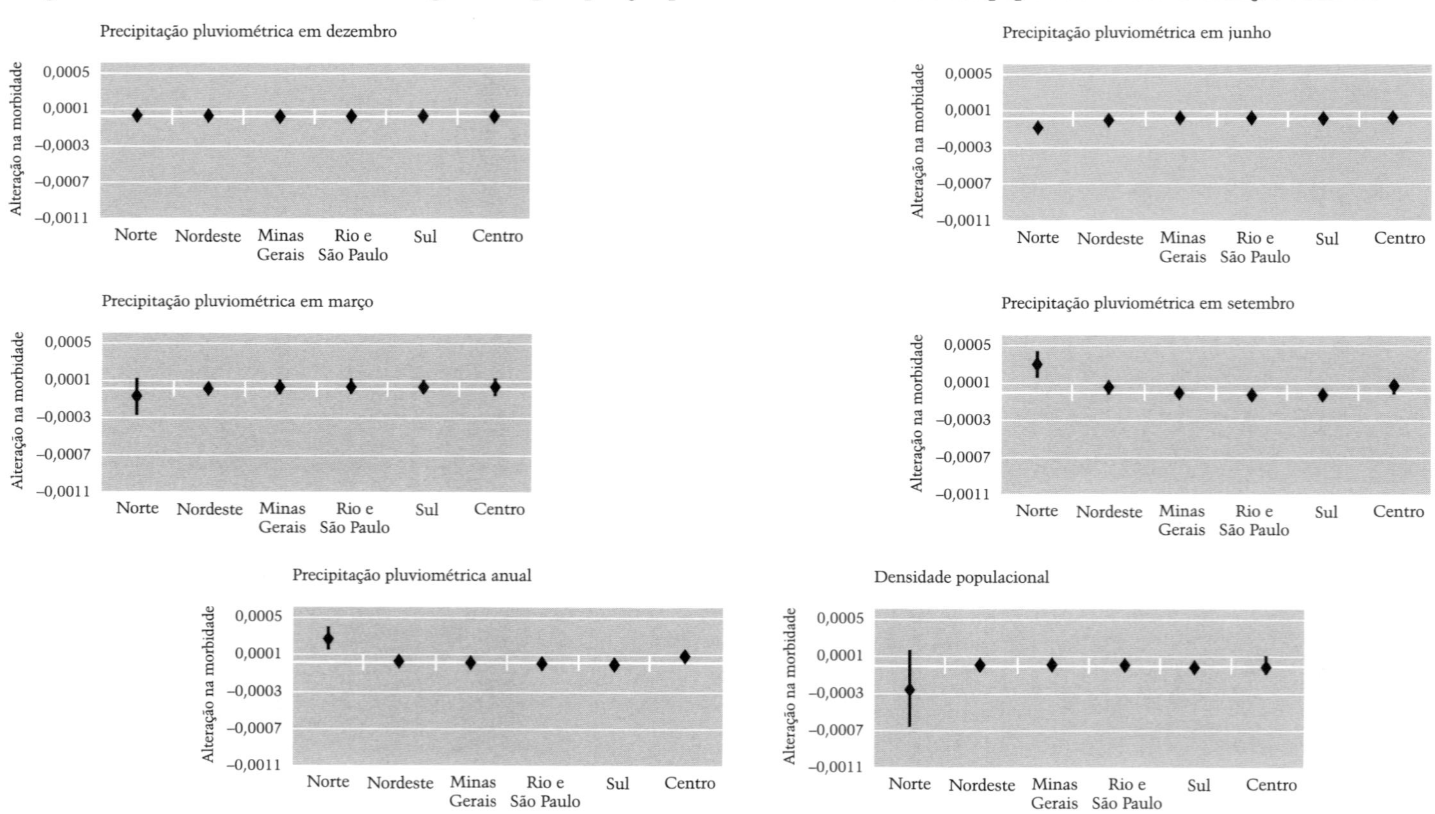

Diagrama 2.11 Limites dos efeitos marginais da temperatura sobre doenças vetoriais

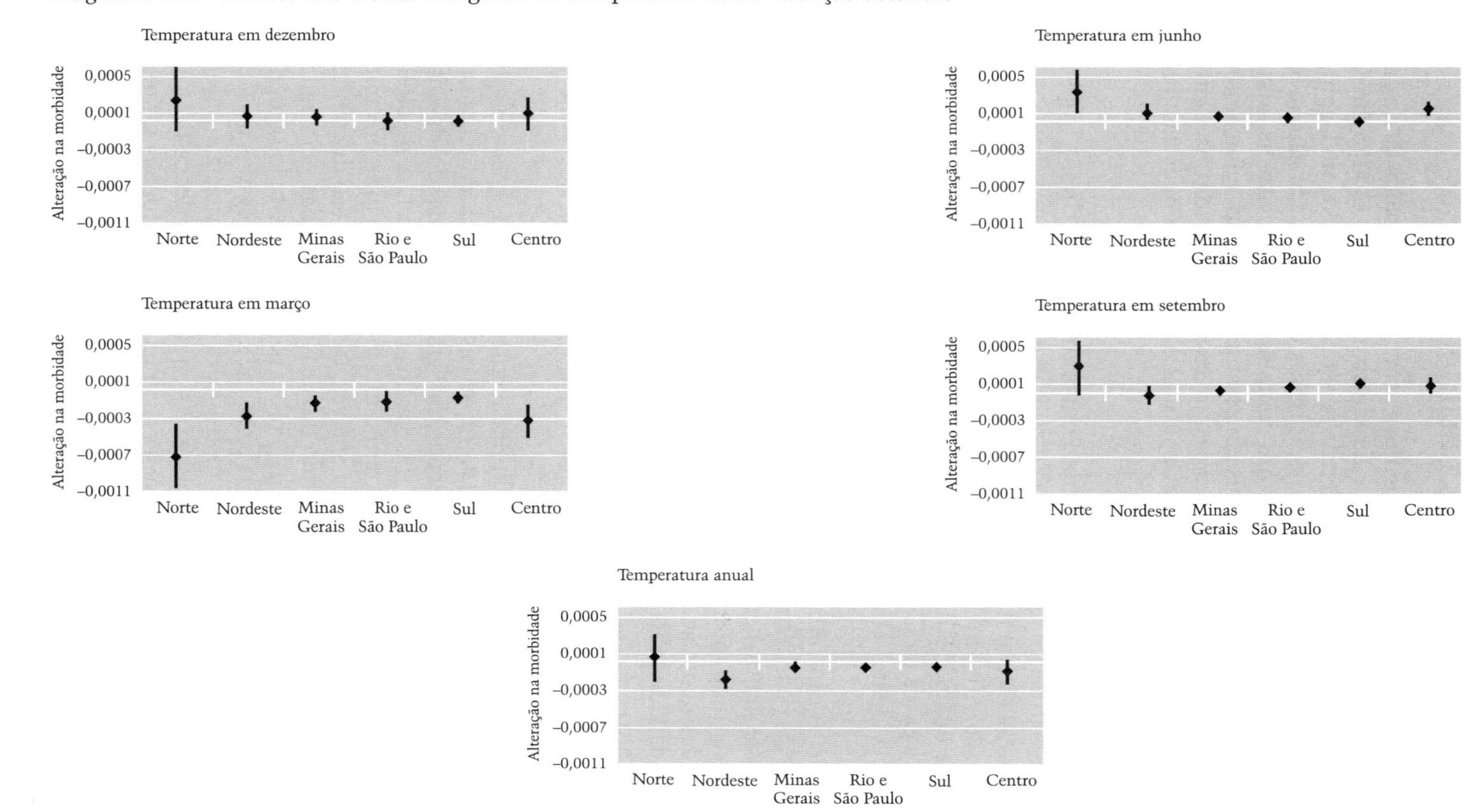

Conclusões

A principal conclusão que podemos extrair dos resultados deste capítulo é que as relações entre geografia e desenvolvimento não são tão diretas como o olhar superficial sobre a evidência genérica apresentada no Capítulo 1 sugeria. Primeiro, os diferentes mecanismos de causalidade geralmente interagem um com o outro de formas complexas e imprevisíveis. Segundo, as forças institucionais e históricas em geral redirecionam, reforçam ou até reduzem os efeitos da geografia. A seguir, exemplos do contraste entre a evidência genérica apresentada no Capítulo 1 e a evidência mais detalhada apresentada neste capítulo:

• A evidência proveniente da Bolívia mostra que climas tropicais nem sempre significam estagnação. O crescimento impressionante de Santa Cruz e das áreas ao seu redor deixam claro que as condições climáticas perniciosas não constituem barreira intransponível. Santa Cruz tem uma economia sólida e diversificada, que certamente irá crescer nos próximos anos.

• Os casos da Colômbia e do México demonstram que, apesar das vantagens evidentes em relação ao comércio internacional, as cidades portuárias e as áreas litorâneas nem sempre levam vantagem sobre as localidades centrais. A centralização política e políticas econômicas voltadas para dentro do país podem transformar localidades centrais relativamente isoladas em poderosos centros econômicos. Além disso, suas vantagens tendem a continuar existindo muito tempo depois que as políticas que lhes deram origem foram desmanteladas. Em uma circunstância afim, as experiências do México e da Colômbia mostram que a ligação indiscutível entre crescimento econômico e população litorânea do país – uma conclusão fundamental do Capítulo 1 – pode refletir não tanto (ou não somente) os efeitos dos custos de transporte mais elevados sobre o crescimento como os efeitos de políticas econômicas protecionistas.

• A evidência proveniente do Brasil apresenta as ligações complexas entre saúde e condições climáticas (nesse caso, precipitação pluviométrica e temperatura). Essa ligação depende, em grande medida, do tipo de doença e do comportamento sazonal das variáveis climáticas. A precipitação de 2,5cm de chuva em junho não tem o mesmo efeito de uma precipitação semelhante em dezembro – e, por sua vez, esses efeitos são diferentes dependendo de estarmos considerando doenças transmitidas pela água ou por vetores. Essas complexidades em geral se perdem nos estudos genéricos, que confiam mais em médias anuais e em indicadores agregados de saúde.

• O México mostra que as instituições podem carregar a influência da geografia por décadas, e até séculos. As circunstâncias geográficas e institucionais encontradas pelos primeiros colonizadores europeus influenciaram profundamente os tipos de arranjos institucionais adotados durante o período colonial. Por sua vez, as instituições originais influenciaram profundamente a trajetória da mudança institucional no México. Portanto, as atuais instituições políticas de muitas regiões localizadas no Centro e no Sul do México só podem ser compreendidas como herança de circunstâncias geográficas de uma época que há muito ficou para trás.

• Por fim, todas as pesquisas deste capítulo mostram que a migração pode reduzir, mas não eliminar, os efeitos da geografia, os quais, por sua vez, apontam para a presença de custos significativos da migração (referentes, talvez, às barreiras culturais e à condição específica do capital humano do país). Todos os países analisados apresentaram diferenças importantes de renda *per capita* entre suas províncias ou estados, se bem que muito menores do que aquelas existentes entre os países do mundo. Em suma, embora a migração certamente nivele as diferenças espaciais de condições de vida, não elimina a influência do espaço sobre as condições de vida.

A geografia influencia o desenvolvimento, mas nem sempre da mesma maneira. Os padrões internacionais identificados no Capítulo 1 são pontos de partida úteis que auxiliam a análise, mas não são regras pétreas. Os estudos de caso aqui apresentados estão plenos de exceções às regras. E isso é uma boa notícia. Significa que o futuro dos países não está gravado na rocha de suas montanhas ou preso ao Equador ou marcado em seus povos pelo calor dos trópicos. A diversidade de casos não refuta a premissa básica de que a geografia é importante. Ela prova, no entanto, que geografia não é destino.

3

Políticas para superar as limitações da geografia

A GEOGRAFIA pode ser em grande medida imutável, mas seu impacto sobre a economia e a sociedade não é. Políticas de desenvolvimento tecnológico corretas podem superar muitos obstáculos geográficos e ajudar a explorar as vantagens da geografia.

A tentativa de resolver problemas geográficos apresenta importantes aspectos de "bem público": investimentos no controle de doenças, em estradas ou na redução dos efeitos das calamidades normalmente beneficiam regiões inteiras em vez de indivíduos isolados. Porém, para realizar esses investimentos em um nível socialmente desejável é preciso que haja coordenação entre o governo e outras instituições. Como, no nível individual, o cidadão que contribui com esses investimentos não irá necessariamente receber os benefícios de sua contribuição para a sociedade como um todo, é menos provável que ele queira contribuir com aquilo que é necessário. Por exemplo, nenhum indivíduo gostaria de ter a tarefa de controlar o vetor de uma doença que estivesse disseminado; no entanto, todos se beneficiam com a pequena contribuição que cada um dá para a erradicação daquela. A divisão da responsabilidade exige coordenação e a criação de incentivos baseados no mercado.

Desenvolvimento regional

A América Latina apresenta grandes concentrações de população em ambientes geograficamente difíceis, como as montanhas da América Central e da região andina, o Nordeste brasileiro e o Haiti. Em todos os países analisados no Capítulo 2, essas regiões prejudicadas geograficamente apresentam níveis de pobreza mais elevados, piores condições de saúde, desempenho educacional mais baixo e acesso mais limitado à infra-estrutura e aos serviços básicos.

Se as áreas adjacentes às áreas geograficamente desfavorecidas se desenvolvem com rapidez, alguns dos problemas desses ambientes problemáticos podem ser resolvidos naturalmente pela migração para as regiões dinâmicas vizinhas. Para muitas pessoas, a migração é a única maneira de escapar das restrições impostas pela geografia. Contudo, uma migração espontânea e desassistida pode resultar simplesmente na transferência da pobreza para outro lugar.[1] Além disso, a persistência da pobreza nesses centros populacionais demonstra que a migração não é uma solução definitiva. O crescimento populacional com freqüência é maior nas regiões pobres e geograficamente desfavorecidas, o que anula as vantagens da emigração. Por fim, a migração maciça para os centros econômicos e para algumas áreas litorâneas pode ocasionar outros problemas, como a vulnerabilidade crescente aos desastres naturais e a urbanização descontrolada. Para evitar os efeitos desfavoráveis da migração, é preciso monitorar de perto seus padrões, assistindo os assentados urbanos, criando incentivos para assentamentos em áreas seguras e adaptando o planejamento do uso da cidade e do solo.

Estimular o desenvolvimento das regiões afastadas e mais pobres representa um difícil desafio para as políticas públicas. Experiências em países desenvolvidos e em desenvolvimento demonstram que as tentativas de desenvolvimento regional dirigidas pelo Estado raras vezes são bem-sucedidas. Os órgãos regionais de desenvolvimento em geral têm dificuldade em reunir a complexa coordenação necessária para estabelecer redes econômicas em lugares onde isso não aconteceu de forma espontânea. No Brasil, por exemplo, a estratégia de abrir a fronteira amazônica para colonizadores pobres vindos do Nordeste provocou enormes danos ambientais, limitou o êxito econômico e exacerbou o problema das doenças tropicais. Iniciativas de desenvolvimento regional em escala mais reduzida, executadas por organizações populares que interagem com as autoridades locais – como o Projeto Sierra na República Dominicana (de Janvry e Sadoulet, 2000) –, apresentam histórico muito melhor.

A diversificação das atividades econômicas por meio do incremento do turismo, dos programas de conservação ambiental ou das zonas francas pode ajudar a desenvolver as zonas desfavorecidas, cuja atividade econômica em geral está ligada à agricultura. Como apresentado no Capítulo 2, a especialização exagerada no café trouxe estagnação para muitos municípios colombianos. Em geral, as regiões cujas economias são mais diversificadas têm maior probabilidade de se desenvolver, uma vez que a dependência de um único mercado ou de padrões climáticos diminui. Mesmo com menor produção, as áreas desfavorecidas deveriam ser capazes de lucrar com o comércio internacional, em razão do baixo custo da terra e da mão-de-obra. Porém, a principal barreira para o avanço de uma agricultura e de um sistema de processamento de alimentos com maior valor agregado em muitas áreas desfavorecidas é a liberalização do comércio agrícola. Outro obstáculo é a

1 RAVALLION (2000), conforme citação feita por de JANVRY; SADOULET (2000).

subutilização dos recursos naturais existentes. As famílias mais pobres têm menos acesso à terra em razão da posse desigual dos bens e do fracasso dos mercados de arrendamento da terra (de Janvry e Sadoulet, 2000).

Abordagens produtivas para reduzir as disparidades geográficas mediante de investimentos em infra-estrutura podem ser eficazes para incentivar o crescimento. A implantação de uma infra-estrutura regional tem enorme impacto sobre os padrões de desenvolvimento espacial, como vimos em Santa Cruz, na Bolívia, onde o aumento do crescimento deveu-se em parte à construção de uma rodovia ligando a cidade a Cochabamba, outro importante aglomerado urbano (ver Capítulo 2). Entretanto, o desenvolvimento das áreas desfavorecidas por intermédio da infra-estrutura pode ser imensamente difícil. A natureza das áreas isoladas faz que a ampliação da infra-estrutura até elas seja mais dispendiosa; portanto, para justificar os custos, as vantagens para seus habitantes têm de ser grandes. Se o objetivo for trazer a indústria e os serviços administrativos para essas áreas, o problema passará a ser as sinergias profundas, ou economias de aglomeração, vinculadas a essas atividades. Essas sinergias fazem que o retorno a novos investimentos em infra-estrutura seja maior nas cidades mais acessíveis que já se encontram bem conectadas. Ao trazer as atividades industriais e de serviços para uma área isolada, revivemos o problema do ovo e da galinha – isto é, as empresas não querem se estabelecer ali a menos que a infra-estrutura e os serviços já estejam implantados e outras empresas também estejam em processo de instalação. A recuperação dos custos de infra-estrutura só é possível se ela atrair um bom número de empresas. É caro e arriscado fazer que isso tudo se movimente simultaneamente, e os governos que tentaram fazê-lo não obtiveram resultados animadores (Richardson e Townroe, 1986).

Projetos de infra-estrutura menos ambiciosos que se baseiam em forças locais, em vez de começar novos setores a partir do zero, têm probabilidade de êxito maior. Uma abordagem da infra-estrutura voltada para as "necessidades básicas" pode ser a maneira mais eficaz de reduzir a pobreza nas regiões geograficamente desfavorecidas, e também pode apresentar uma taxa de retorno econômico mais alta que os projetos de infra-estrutura de larga escala. O que é preciso para integrar as regiões isoladas ao restante da economia são estradas vicinais básicas, energia elétrica e telecomunicações. As novas tecnologias de geração de eletricidade em pequena escala e de conexão autônoma de telecomunicações também podem representar uma excelente relação custo-benefício. Além do mais, os investimentos em infra-estrutura básica nas áreas desfavorecidas, como em educação, água, eletricidade e saneamento, podem proporcionar um retorno mais alto do que o melhoramento das instalações das áreas já bem equipadas.

Entretanto, é mais fácil falar do que fornecer infra-estrutura para as áreas isoladas com um custo-benefício adequado. Como os projetos de investimento em infra-estrutura e os serviços que eles oferecem estão intimamente ligados a áreas, clientes e interesses específicos, e servem a eles, o fornecimento centralizado nem sempre é o melhor método. Admite-se alguma forma de descentralização em relação à maior parte do investimento em infra-estrutura e serviços, mas a forma precisa que ela assume pode depender de numerosos fatores.

Embora a abordagem voltada para as necessidades básicas deva guiar as decisões de investimento em infra-estrutura no que diz respeito às áreas geograficamente desfavorecidas, a evidência apresentada no Capítulo 1 sugere que o acesso aos mercados internacionais deve ser o principal critério para investir em estradas, portos, ferrovias e aeroportos. É claro que a vantagem potencial desses investimentos depende de numerosas variáveis, e é sempre arriscado gastar demais. Na ausência de políticas comerciais e macroeconômicas adequadas que estimulem os produtores a buscar a integração internacional no longo prazo, poucos desses investimentos podem ser rentáveis. Em contrapartida, a vantagem potencial de uma política de liberalização comercial pode ser gravemente reduzida pela falta de infra-estrutura. Os gargalos internos no setor dos transportes podem impedir o desenvolvimento de setores exportadores com potencial de êxito, em especial os primários, enquanto pode haver uma explosão das importações com alto valor agregado. Uma abordagem voltada para as necessidades básicas também deve considerar os riscos relacionados aos desastres naturais, incorporando medidas para minimizar a destruição da infra-estrutura pública e privada e evitar interrupções repentinas do contato com o mercado. O governo deve, igualmente, concentrar esforços para restaurar o acesso aos mercados após a ocorrência de catástrofes, reconstruindo a infra-estrutura básica.

Por fim, uma abordagem da infra-estrutura voltada às necessidades básicas também deve se basear no princípio de que a manutenção apropriada dos serviços básicos é mais importante que a construção de novas instalações, cuja administração e conservação em geral são mais caras. A falta de infra-estrutura adequada nas regiões pobres deve-se com mais freqüência a políticas inadequadas de manutenção do que à insuficiência de gasto. Como enfatizou o Banco Mundial (1994), instituições e incentivos econômicos e políticos novos, especialmente se não contarem com alguma forma de descentralização, em geral acabam em novos investimentos dispendiosos e ineficientes. Caso fosse destinada à manutenção, uma fração desses mesmos recursos geralmente produziria mais benefícios.

Pesquisa e tecnologia

As novas tecnologias de telecomunicações e a internet também podem desempenhar futuramente um papel na redução da importância das barreiras geográficas. A tecnologia da informação e da comunicação podem aumentar a eficiência das empresas e estimular o desenvolvimento do mercado pela diminuição dos custos de transação na região (Bedi, 1999). As áreas onde os custos de transação são muito elevados, como as regiões rurais distantes e escassamente povoadas, podem se beneficiar bastante dessas transformações tecnológicas.

É claro que as localidades que já são acessíveis também irão se beneficiar desses avanços. E, apesar de o custo de utilização das modernas telecomunicações ser extremamente mais baixo, será necessário um grande investimento inicial em infra-estrutura. Por fim, os avanços tecnológicos não trazem automaticamente enorme progresso. Podemos ter tido a expectativa de que ocorreria uma transformação revolucionária semelhante com o acesso ao telefone, mas ele não tornou obsoletas as barreiras geográficas. Essas questões revelam que, a menos que haja políticas públicas que assegurem que as regiões distantes não ficarão de fora da revolução da informação, as novas tecnologias podem, na verdade, acentuar as atuais desigualdades. O uso de novas tecnologias pode trazer progressos notáveis, como nas áreas sujeitas a desastres. Ao alertar com antecedência a população e ao facilitar o contato com as áreas isoladas após os desastres, uma comunicação de emergência mais eficaz reduziria os custos humanos e econômicos relacionados aos desastres.

Embora a geografia seja, em grande medida, imutável, o predomínio de doenças em determinados climas pode ser claramente reduzido, e a baixa produção da agricultura tropical pode ser melhorada. Nessas duas áreas, a pesquisa e a inovação tecnológica podem mudar radicalmente as restrições ao desenvolvimento humano. No caso da saúde, é necessária uma ação direta, porque os níveis crescentes de renda não serão suficientes, por si sós, para resolver os problemas nessa área. Em relação a determinadas doenças, há poucos tratamentos e estratégias de controle disponíveis e eficazes, ao passo que, em relação a outras, os recursos para vencer a doença, embora bem conhecidos, exigem importante esforço de educação e de mobilização. O principal exemplo do primeiro caso é a malária. O controle do vetor nas áreas mais afetadas resume-se, na melhor das hipóteses, a um trabalho de contenção, e os remédios empregados estão perdendo rapidamente sua eficácia em virtude da resistência à droga. Em razão da escassez de recursos e da extraordinária complexidade do patógeno e de seu ciclo de vida, ainda faltam muitos anos para se descobrir uma vacina. Como não existem países desenvolvidos tropicais que sejam significativamente grandes, as doenças tropicais não se beneficiam das sobras da pesquisa biomédica e farmacêutica dos países desenvolvidos. Os países tropicais são muito pobres para oferecer um mercado autônomo atraente que induza as empresas farmacêuticas a investir na pesquisa das doenças tropicais.

O desenvolvimento de tecnologia agrícola voltada para solos e produtos característicos dos trópicos enfrenta problemas semelhantes. Quase toda a pesquisa e o desenvolvimento científicos – e, conseqüentemente, a maioria dos avanços tecnológicos – ocorrem no mundo desenvolvido. Ao menos alguns desses avanços têm a possibilidade de ser adaptados aos países tropicais pobres; porém, como os processos biológicos acontecem de maneira diferente nos trópicos, é preciso superar obstáculos importantes.

No mundo industrializado, cada vez mais as grandes empresas privadas estão tomando o lugar do governo e dos institutos de pesquisa acadêmicos na condução de pesquisas científicas de ponta, na área da saúde e na agricultura. Essas empresas não têm nenhum incentivo financeiro para investir em pesquisas semelhantes relacionadas aos problemas tropicais. Como os consumidores dos países em desenvolvimento não têm condições de pagar preços elevados por vacinas e medicamentos novos, não são um mercado rentável.

Ao mesmo tempo, enquanto os trópicos são excluídos da revolução na pesquisa científica corporativa, os recursos públicos destinados à agricultura e às doenças tropicais têm diminuído. O orçamento de pesquisa e desenvolvimento de todo o sistema de institutos de pesquisa que compõem o Grupo Consultivo sobre Pesquisa Agrícola Internacional (CGIAR, sigla em inglês) é menos da metade do custo estimado de uma multinacional que pesquisa organismos vivos, a Monsanto (Sachs, 1999, p.19).

Apesar dessas limitações, a nova era de avanços rápidos na biologia possibilitou uma promissora pesquisa aplicada sobre os obstáculos da agricultura tropical. Em sua maioria pública, a pesquisa em agricultura tropical tem obtido altas taxas de retorno na América Latina. A Tabela 3.1 relaciona descobertas de um estudo realizado por Echeverría (1990), que avaliou a pesquisa em diferentes culturas e em diferentes países adotando metodologias diferentes, cujas descobertas, no entanto, foram uniforme e surpreendentemente altas. Das 58 taxas de retorno, apenas quatro estão abaixo de 15% ao ano, com média de 57% e mediana de 44%. Esses retornos expressivos com investimento tão pequeno em pesquisa sugerem que o comprometimento com a pesquisa agrícola não tem sido suficiente e que ela pode estar sendo ameaçada por obstáculos importantes.[2]

Mesmo que a pesquisa agrícola não tivesse retornos econômicos tão altos como esses, o investimento nas melhorias agrícolas ainda pode ser justificado em termos de impacto sobre os pobres. No curto prazo, o bem-estar de mais da metade das famílias dos países de baixa renda (69% da força de trabalho em 1990) e de uma proporção ainda maior das famílias mais pobres continua dependendo da agricultura (Banco Mundial, 1997, p.220).

A taxa de retorno do investimento em pesquisa médica tropical é difícil de calcular, e, de qualquer modo, é secundário diante do principal benefício de tal pesquisa, que é melhor condição de saúde e bem-estar do ser humano. Não surpreende que o nível de recursos para a pesquisa de doenças tropicais seja lamentavelmente baixo. O principal exemplo é a malária, uma das doenças tropicais mais mortais do mundo. Calcula-se que haja em todo o mundo 2,4 bilhões de pessoas correndo o risco de contrair malária, com 300 a 500 milhões de casos clínicos e entre 1,5 e 2,5 milhões de mortes por ano. No entanto, em razão da falta de estímulos de mercado, não há basicamente nenhuma pesquisa sobre malária sendo feita por empresas farmacêuticas privadas. O total mundial de recursos para a pesquisa era de apenas 84

---

2 No entanto, os elevados retornos podem se dever parcialmente a um viés de seleção, uma vez que as experiências bem-sucedidas são mais fáceis de identificar e atraem mais atenção.

milhões de dólares em 1993, grande parte dela realizada pelos militares dos países ricos, preocupados em facilitar a vida de seus soldados no exterior (Welcome Trust, 1999).

Apesar dos recursos e da pesquisa limitados, o conjunto da América Latina apresenta melhores condições de saúde do que o esperado dados os níveis de renda, especialmente em relação a uma região localizada em grande parte nos trópicos.[3] Uma série de programas de controle bem-sucedidos e instituições de saúde pública competentes, como a Organização Pan-Americana da Saúde – muitas apoiadas há bastente tempo pela Fundação Rockefeller –, tiveram um impacto extraordinário sobre o peso da doença na região. Entre esses programas estava o controle da febre amarela no início da década de 1940, a erradicação do mosquito *Anopheles gambiae* (portador da malária), do Brasil na década de 1930, e o controle da ancilostomíase na década de 1920. A Fundação Rockefeller também apoiou a pesquisa agrícola no México na década de 1940, que acabou se transformando na CYMMIT, trazendo elementos da Revolução Verde para a América Latina. O CIAT, respeitado instituto de pesquisa agrícola da Colômbia, além de outros da região, recebeu recursos da Fundação.

Embora muitas dessas organizações e iniciativas voltadas à saúde e à agricultura continuem contribuindo com pesquisas importantes, alguns dos desafios tecnológicos apresentados atualmente pelas condições geográficas e ecológicas da América Latina exigem investimentos que estão fora de seu alcance. Além disso, elas podem não dispor da vantagem comparativa para desenvolver determinados produtos ou tecnologias desenvolvidos pelas empresas privadas de alta tecnologia.

Com relação à malária, por exemplo, Jeffrey Sachs sugeriu que os países se comprometessem em conjunto a oferecer um mercado atraente para a empresa que tivesse êxito em desenvolver a vacina (Sachs, 1999, p.17-20). Seria pago um preço de compra mínimo garantido ou um total fixo por dose quando a vacina estivesse pronta. Compromissos semelhantes poderiam estimular a cura de outras doenças, como a tuberculose, ou o desenvolvimento de variedades de culturas ou de tecnologias agrícolas apropriadas para as condições geográficas e climáticas dos países pobres. Um passo enorme já foi dado com a criação do Fundo Global de Luta contra a Aids, a Tuberculose e a Malária. Governos e particulares já se comprometeram a doar mais de 2 bilhões de dólares. O objetivo do fundo é atrair, administrar e distribuir recursos suplementares por meio de uma nova parceria público-privada, que visa a reduzir a incidência do contágio e da mortalidade causados por essas

---

3 Utilizando uma regressão simples para prever a expectativa média de vida em 1995, baseada no logaritmo natural do PIB *per capita*, os países latino-americanos têm uma expectativa média de vida quatro anos maior do que seria de esperar tomando-se apenas o PIB. Se também levamos em conta a localização nos trópicos, a expectativa de vida na região é oito anos maior do que o esperado. Ver também Banco Interamericano de Desenvolvimento (2000, cap. 1).

Tabela 3.1 Taxas de retorno da pesquisa e da expansão agrícolas na América Latina

Autor	*Ano*	*País*	*Commodity*	*Período*	*Taxa de retorno anual (%)*
Ayer	1970	Brasil (SP)	Algodão	1924-67	77
Barletta	1970	México	Lavoura	1943-63	45-93
			Trigo		90
Elias (revisado por Cordomi)	1971	Argentina (EEAT-Tucumã)	Cana-de-açúcar	1943-63	33-49
Hines	1972	Peru	Milho	1954-67	35-55
Patrick e Kehrberg del Rey	1973	Brasil (Sudeste)	Conjunto	1968	0
(revisado por Cordomi)	1975	Argentina (EEAT-Tucumã)	Cana-de-açúcar	1943-64	35-41
Monteiro	1975	Brasil	Cacau	1923-85	19-20
Fonseca	1976	Brasil	Café	1933-95	17-27
Hertford et al.	1977	Colômbia	Arroz	1957-80	60-82
			Soja	1960-80	79-96
			Trigo	1927-76	11-12
			Algodão	1953-72	0
Wennergren e Whittaker	1977	Bolívia	Ovelha	1966-75	44
			Trigo		–48
Scobie e Posada	1978	Colômbia	Arroz	1957-64	79-96
Moricochi	1980	Brasil (SP)	Cítricos	1933-85	18-28
Avila	1981	Brasil (RG)	Arroz irrigado	1959-78	83-119
		Brasil (Centro)			83-87
		Brasil (Litoral NE)			92-107
		Brasil (Litoral SE)			111-115
		Brasil (Fronteira)			114-119
Cruz et al.	1982	Brasil	Capital físico	1974-81	53
			Investimento total	1974-92	22-43
Evenson	1982	Brasil	Conjunto	19??-74	69
Ribeiro	1982	Brasil (MG)	Conjunto	1974-94	69
			Algodão		48
			Soja		36
Yrarrazaval et al.	1982	Chile	Trigo	1949-77	21-28
			Milho	1940-77	32-34

Continua na página seguinte

Tabela 3.1 (continuação)

Autor	*Ano*	*País*	*Commodity*	*Período*	*Taxa de retorno anual (%)*
Avila et al.	1983	Brasil (Embrapa)	Capital humano	1974-96	22-30
Cruz e Avila	1983	Brasil (Embrapa)	Conjunto	1977-91	38
Martínez e Sain	1983	Panamá (IDIAP-Caisan)	Milho	1979-82	188-332
Ambrosi e Cruz	1984	Brasil (Embrapa-CNPT)	Trigo	1974-90	59-74
Avila et al.	1984	Brasil (Centro-Sul)	Conjunto	1974-96	38
Feijoo (revisado por Cordomi)	1984	Argentina (INTA)	Conjunto	1950-80	41
Pinazza et al.	1984	Brasil (SP)	Cana-de-açúcar	1972-82	35
Roessing	1984	Brasil (Embrapa-CNPS)	Soja	1975-82	45-62
Silva	1984	Brasil (SP)	Conjunto		60-102
Ayres	1985	Brasil	Soja	1955-83	46-69
		Brasil (PR)			51
		Brasil (RG)			51-53
		Brasil (SC)			29-31
		Brasil (SP)			23-24
Muchnik	1985	América Latina	Arroz	1968-90	17-44
Norton et al.	1987	Peru (Inipa)	Conjunto	1981-2000	17-38
			Arroz		17-44
			Milho		10-31
			Trigo		18-36
			Batata		22-42
			Feijão		14-24
Echeverria et al.	1988	Uruguai	Arroz	1965-85	52
Evenson	1988	Paraguai	Lavoura	1988	75-90
Luz Barbosa	1988	Brasil (Embrapa)	Conjunto	1974-97	40
Evenson e da Cruz	1989	América do Sul (Procisur)	Trigo	1979-88	110
			Soja		179
			Milho		191
Média					57
Mediana					44

Fonte: ECHEVERRIA (1990, tabela 1).

doenças. Esse fundo irá subvencionar organizações públicas, privadas e não-governamentais para que implementem projetos sustentáveis localmente.

É claro que existem outras formas de cooperação internacional que podem promover esses avanços. Dependendo da escala, do tipo de externalidade do problema e dos custos prováveis para encontrar uma solução, pode ser mais eficaz a cooperação no nível sub-regional, regional ou global. Para isso, também pode ser necessário o envolvimento de organizações internacionais, algumas das quais poderiam assumir o papel de identificar as prioridades globais e regionais na saúde e na agricultura e mobilizar a área de pesquisa e desenvolvimento do setor privado.

Informação e sinais do mercado

Pelo fato de muitos países latino-americanos serem muito diferentes em termos de geografia, as diversas regiões de um país podem oferecer vantagens ou desvantagens comparativas bastante acentuadas em relação a determinadas atividades. O retorno dos investimentos em infra-estrutura ou das intervenções de atendimento à saúde, por exemplo, podem variar drasticamente de uma zona para outra, e entre cidades e povoados de tamanhos diferentes, por causa dos padrões de assentamento da população. Os esforços de prevenção de desastres podem ser dirigidos de maneira mais adequada para determinadas localidades mais sujeitas a furacões, enchentes ou terremotos.

Para ter em mente essas variáveis geográficas ao desenvolver um conjunto de políticas econômicas e sociais, é preciso dispor de informação adequada, a qual, dada sua natureza de bem público, o mercado não irá oferecer espontaneamente. Alguns dos maiores países latino-americanos possuem institutos de geografia e estatística dedicados sobretudo a coletar informação sobre os fatores humanos e geográficos que afetam o desenvolvimento. O Instituto Brasileiro de Geografia e Estatística (IBGE) e o Instituto Nacional de Estatística, Geografia e Informática (Inegi) do México gozam de prestígio internacional em razão de sua capacidade técnica e analítica. Entretanto, em muitos países onde as agências responsáveis não se guiam por objetivos claros de política econômica e social e não oferecem apoio significativo aos responsáveis por essas políticas, os esforços estão apenas no começo. Por conseguinte, as considerações geográficas com freqüência não são levadas em conta quando se decide investir em infra-estrutura, distribuir os gastos com saúde ou implementar projetos de desenvolvimento urbano, de assentamento ou de prevenção de desastres.

Como se trata de tarefas complexas que implicam despesas consideráveis, oferecem significativas economias de escala e dão origem a importantes externalidades, a coleta, o processamento e a difusão de dados geográficos devem caber a um grupo centralizado de pessoas. Pode até ser necessário que haja organismos supranacionais para lidar com fenômenos que transcendem as fronteiras nacionais, como os furacões ou o El Niño. Não obstante, grande volume de dados relacionados à geografia pode ser produzido de maneira descentralizada. Na Costa Rica, por exemplo, o Instituto Nacional de Biodiversidade (INBio) envolve as comunidades locais na elaboração de um recenseamento da biodiversidade. E nos casos em que a coleta de dados ocorre de maneira descentralizada, as decisões estratégicas baseadas em informação geográfica também não precisam ser centralizadas. O nível em que as decisões estratégicas têm de ser tomadas corresponde basicamente à abrangência das externalidades geradas por tais decisões. Decisões relacionadas ao fornecimento de infra-estrutura urbana ou à regulamentação do uso do solo podem ser tomadas de maneira mais eficaz em nível local, contanto que a informação exista e seja do conhecimento dos responsáveis pelas decisões. Em contraposição, as decisões que envolvem externalidades geográficas amplas – como o controle da poluição da água ou do ar ou das doenças infecciosas – naturalmente são tomadas com mais propriedade em nível regional, nacional ou mesmo internacional.

A difusão eficaz da informação não é essencial apenas para os estrategistas do governo, mas também para aqueles que podem sofrer as conseqüências dos problemas provocados ou influenciados pela geografia, a maioria dos quais pobre. Os procedimentos administrativos para obter certificados de zoneamento são deliberadamente mantidos em termos vagos e obscuros, o que facilita a corrupção. Eles então podem ser adotados como fonte de extorsão de dinheiro das pessoas que investiram em casas ou negócios em locais inadequados.

As pessoas geralmente constroem casas em áreas de alto risco ou porque não dispõem de nenhuma informação ou porque a informação foi manipulada ou escondida. Muitas vezes, seria possível evitar enormes prejuízos aos produtores agrícolas se a qualidade da previsão do tempo e de outros caprichos da natureza na região fosse melhorada e a informação, mais bem difundida. A disponibilidade de informação sobre a freqüência e a intensidade dos caprichos da natureza também poderia facilitar a evolução do mercado de seguros, que ainda se encontra em um estágio incipiente na América Latina. Países onde produtores e investidores têm seguro contra furacões não sofrem os efeitos recessivos que se seguem às catástrofes, como acontece nos países onde os produtores não contam com essa cobertura. As compensações recebidas pela República Dominicana após a passagem do furacão George em 1998 corresponderam a cerca de 2% do PIB, um poderoso estímulo à indústria da construção civil e um fator de sustentação do alto crescimento econômico mesmo após a ocorrência de uma catástrofe. O acesso ao seguro e a outros serviços financeiros é especialmente vital para as famílias de baixa renda, o setor informal e as pequenas empresas.

No caso dos desastres naturais, o problema do risco é evidente; mas também existem outros, como os riscos agrícolas e o risco de doença. Mais uma vez, tornar a informação disponível pode ajudar. Os governos federais podem auxiliar as pessoas a superar os efeitos desfavoráveis da geografia divulgando conhecimento sobre técnicas de produção para solos de baixa produtividade ou sujeitos a erosão, métodos de controle de pragas e doenças, e técnicas apropriadas para construir casas em áreas geograficamente vulneráveis.

Embora seja essencial que os governos produzam e divulguem esse tipo de informação, se acionado de maneira correta o mercado continua sendo o mecanismo de difusão mais eficiente. Os pobres em geral são atraídos pelos baixos preços da terra em áreas sujeitas a desastres ou não atendidas pelos serviços públicos urbanos, o que leva à construção de assentamentos vulneráveis. O mercado pode ser utilizado para interromper essas edificações. Por exemplo, um sistema de subsídios para construir casas novas pode ser mais eficaz que um procedimento administrativo ou policial para reinstalar os moradores de uma área de alto risco. A maneira mais eficaz de conter a erosão pode ser o emprego de subsídios para estimular o uso de uma nova tecnologia que substitua as tecnologias inadequadas. Para estimular uma comunidade a preservar um recurso escasso (uma reserva natural, p. ex.), a melhor abordagem pode ser a promoção de um mercado para aquele recurso (como o turismo ecológico), em vez de impedir que ele seja usado, o que reduziria seu valor potencial.

Para responder aos sinais do mercado, as pessoas precisam ter mobilidade. Uma área de baixa produtividade agrícola e condições precárias de saúde pode tornar-se uma armadilha de pobreza, caso haja políticas que desestimulem a migração para áreas que oferecem melhores oportunidades. O temor da migração do campo para a cidade, profundamente arraigado na mente dos líderes latino-americanos, em geral se traduziu em subsídios para setores agrícolas e áreas rurais improdutivos. Além disso, pesquisas realizadas em meados da década de 1990 mostraram que quase metade dos pequenos produtores agrícolas de Honduras, Paraguai e Colômbia não possuía o título de posse de sua propriedade (López e Valdés, 1996, apud López, 1996). Isso não só limita sua mobilidade como também reduz o acesso ao crédito e desestimula o investimento (Carter e Olinto, 1996; López, 1996).[4] Em áreas sujeitas a desastres, a falta de regularização da propriedade da terra desestimula os proprietários a fazer investimentos que poderiam diminuir os riscos, e impede qualquer política de reassentamento. Em resumo, problemas que restringem a mobilidade reforçam, em vez de aliviar, os efeitos desfavoráveis da geografia.

Políticas urbanas

Há ampla evidência empírica quanto ao fato de os investimentos públicos em infra-estrutura urbana produzirem um efeito positivo sobre a produtividade privada (Lobo e Rantisi, 1999, p.1; Seitz, 1995). Ao facilitar a movimentação das mercadorias e dos bens, uma infra-estrutura de transporte de alta qualidade e sistemas integrados de transporte (estradas, ferrovias e por-

4 Não obstante, onde não existem mercados de crédito eficientes, uma política de titulação maciça da terra pode ter efeitos contrários sobre a distribuição.

tos) contribuem para aumentar a produtividade industrial e as exportações. Sistemas de transporte eficientes também aumentam a mobilidade e o acesso ao trabalho dos moradores das cidades, reduzindo o tempo médio para ir e voltar do trabalho. Com o aumento do tamanho das cidades latino-americanas – a área metropolitana de São Paulo cobre hoje espantosos 8 mil quilômetros quadrados (Instituto de Recursos Mundiais, 1996, p.59) –, mais do que nunca são necessários sistemas de transporte eficazes.

O número de automóveis *per capita* ainda é relativamente baixo na América Latina, o que torna o transporte público especialmente importante no aumento da produtividade urbana. O transporte público é menos dispendioso em termos de uso de energia, de poluição do ar e de congestionamento. Embora seja um sistema eficiente, o custo do metrô é extremamente elevado em comparação a outros transportes públicos, como o ônibus. Curitiba, no Brasil, é citada com freqüência como exemplo de um sistema de transporte público de qualidade. Ao combinar o planejamento do uso do solo com a implantação de faixas de circulação exclusivas dos ônibus, Curitiba conseguiu reduzir o congestionamento e a poluição. A maioria dos habitantes da cidade utiliza o sistema público de transporte (Gilbert, 1998, p.166-7).

O fornecimento de serviços urbanos também é importante para aumentar a produtividade urbana (Peterson; Kingsley; Telgrasky, 1991, conforme citação de Devas e Rakodi, 1993, p.268). Embora nos últimos trinta anos tenha aumentado substancialmente o porcentual de moradores urbanos com acesso a água potável, esgoto, coleta de lixo e eletricidade, os equipamentos públicos de muitas cidades ainda estão defasados, e os porcentuais médios satisfatórios escondem altos níveis de desigualdade entre bairros de alta e de baixa renda. O acesso a esses serviços básicos tem um impacto importante sobre a saúde dos moradores urbanos e a ocorrência de doenças transmissíveis. O fornecimento confiável de água e eletricidade também é pré-condição importante para o desenvolvimento de uma base industrial diversificada na grande área metropolitana. As condições geográficas e a gestão inadequada ameaçam a disponibilidade futura do fornecimento de água em várias cidades da região, incluindo a Cidade do México e Lima (Brennan, 1994, p.224-45).

A infra-estrutura urbana adequada também é fundamental para reduzir as conseqüências desfavoráveis dos desastres naturais. À medida que o crescimento urbano e o desenvolvimento econômico provocam o aumento da quantidade total de propriedades urbanas, os riscos econômicos e financeiros relacionados aos desastres naturais se multiplicam. O perigo é ainda maior nos países em que a cidade principal está localizada em uma área sujeita a risco, já que a atividade econômica nacional é extremamente dependente de pequena área geográfica. Foi o que aconteceu com os efeitos do terremoto de 1999 na principal região industrial da Turquia.

A fim de melhorar a infra-estrutura urbana, a administração dos municípios latino-americanos tem de se aperfeiçoar. Para oferecer um nível adequado de infra-estrutura e de serviços no ambiente urbano, é fundamental melhor mobilização dos recursos locais por meio de impostos e taxas de serviço e de parcerias público-privadas locais. É necessário melhor capacidade administrativa no nível municipal, bem como cooperação mais estreita entre os municípios que integram as grandes áreas metropolitanas. As cidades também têm de adotar procedimentos simplificados, transparentes e exeqüíveis que regulamentem melhor o crescimento urbano, mas que não paralisem a iniciativa privada e empurrem mais atividades para a informalidade. Devem-se encontrar soluções inovadoras que otimizem o uso do espaço urbano e evitem o aumento do preço da terra em conseqüência da eliminação das opções de moradia de baixa renda.

Finalmente, a política pública também deve tentar controlar e moderar a concentração urbana, apoiando a desconcentração e o surgimento de novas cidades ou de cidades com vários núcleos. Embora a concentração tenha-se mostrado vantajosa nas fases iniciais do desenvolvimento econômico, seus efeitos positivos diminuem à medida que a renda aumenta e as cidades ficam grandes demais (Henderson, 2000, p.1-3). Em compensação, a existência de diversos centros urbanos no país promove uma competição saudável entre as cidades para atrair a atividade econômica e investimentos. Essa competição conduz a uma oferta melhor de infra-estrutura e de serviços públicos, bem como a um sistema fiscal mais favorável ao crescimento dos negócios (Seitz, 1995, p.138).

Organização espacial

Em razão da grande variedade de modos pelos quais a geografia humana e física pode afetar o desenvolvimento – que vão dos desastres naturais às correntes populacionais –, a descentralização é uma ferramenta importante para subjugar e explorar a geografia. É difícil imaginar um sistema de tomada de decisão centralizado que possa responder de maneira adequada às diversas necessidades e restrições impostas pela geografia em diferentes localidades, em especial em países tão heterogêneos geograficamente como os da América Latina. Como é mais fácil para os governos locais e regionais identificar as preferências e necessidades locais, pode-se esperar melhor adequação entre demanda e oferta de serviços públicos. A descentralização, por exemplo, tende a gerar mais investimento em infra-estrutura e de melhor qualidade (Estache, 1995).

Entretanto, um único modelo de descentralização não consegue solucionar de maneira eficaz o conjunto de problemas apresentados pela geografia física e humana. Na América Latina, os governos locais – municípios, províncias ou distritos, conforme o termo empregado em cada país – são organizados basicamente da mesma maneira, sem considerar as diferenças de tamanho, localização ou outras condições geográficas e socioeconômicas básicas. No Brasil, por exemplo, aplicam-se as mesmas regras a São Paulo (população de 8,5 milhões de habitantes) e a Pirapora do Bom Jesus (população de 4.850 habitantes) (Estache, 1995, p.10). O resultado nas localidades mais prósperas é que a possibilidade de oferecer organização e serviço melhor permanece intocada, em especial nos países com estruturas de governo mais centralizadas. Enquanto isso, as localidades menos favorecidas geográfica e economicamente podem ficar assoberbadas por necessidades e responsabilidades administrativas.

Alguns países começaram a se libertar dessa camisa-de-força por meio de processos de descentralização mais flexíveis e adaptáveis. Na Colômbia e na Venezuela, algumas responsabilidades pelo fornecimento de infra-estrutura rodoviária e de outros serviços públicos são atribuídas, por contrato, a governos subnacionais, de acordo com sua capacidade técnica e administrativa. Na Colômbia, o processo também incluiu organismos não-governamentais, como a associação dos produtores de café e as empresas petrolíferas, que assumiram algumas responsabilidades no fornecimento de infra-estrutura.

Do ponto de vista geográfico, uma única estrutura de descentralização também é ineficaz, já que alguns dos efeitos mais importantes da geografia não estão claramente localizados ou porque eles produzem externalidades importantes para outras localidades ou regiões. Por exemplo, nenhuma localidade sozinha pode erradicar doenças e pragas que afetam diversas localidades. É improvável que uma tecnologia adequada de combate à erosão na bacia dos rios e de prevenção de deslizamentos de terra e enchentes seja desenvolvida pela localidade causadora do problema, em parte por causa do custo, mas especialmente porque outras localidades podem ser mais afetadas pelo perigo do que aquela onde se originou o problema. Conseqüentemente, a localidade onde se situa o problema esperará que as outras localidades afetadas ajudem-na a solucioná-lo. Uma rodovia construída para pôr fim ao isolamento geográfico de uma região terá de cruzar muitas outras áreas para ser útil, e é claro que nenhuma localidade sozinha irá se responsabilizar por sua construção. Em razão da permanente transformação da geografia humana e econômica, a organização espacial também tem de ser dinâmica e se adaptar à mudança. Por exemplo, a expansão geográfica das cidades pode transpor fronteiras regionais e criar sérios problemas de jurisdição e de coordenação, como no caso da Cidade do México.

Cada um desses exemplos sugere a necessidade de um nível diferente de organização geográfica. O problema da praga que afeta uma cultura específica pode exigir apenas a organização dos produtores, enquanto uma doença tropical pode requerer uma intervenção nacional ou mesmo internacional. A redução do risco de desastres naturais requer certo grau de centralização para identificar as prioridades nacionais, a alocação de recursos federais e o desenvolvimento de sistemas de resposta integrados. Ao mesmo tempo, porém, ela requer a implementação de esforços descentralizados de alívio e prontidão em conjunto com as comunidades locais. O enfrentamento de um problema de erosão pode envolver o esforço conjunto dos municípios localizados na bacia do rio. A construção de uma rodovia pode exigir a cooperação tanto das áreas isoladas para as quais a estrada está sendo construída quanto das outras que podem se beneficiar de alguma maneira com o novo investimento.

Por conseguinte, a forma de descentralização adequada para solucionar um problema pode ser muito diferente da necessária para solucionar outro. Não se trata simplesmente de níveis diferentes de agregado (municipal, estadual, nacional), mas também de tipos diferentes de agrupamento (grupos de municípios ou zonas que podem ou não corresponder às unidades territoriais existentes, ou a combinações de diferentes níveis de governo).

Embora seja possível definir, em princípio, o nível e o tipo de conjunto de localidades que compartilham do mesmo problema ou da mesma vantagem geográfico(a), isso não significa que a cooperação será fácil ou mesmo factível, em razão de preferências locais distintas ou conflitos de interesse. A coordenação de alguns poucos municípios pode se mostrar um problema insuperável que nem sempre é necessariamente solucionado agrupando-se os municípios em um nível territorial intermediário. Em outras palavras, a heterogeneidade geográfica impõe exigências de avanço institucional que podem ser difíceis de atender, acorrentando os países mais fragmentados geograficamente em situações de baixo desenvolvimento econômico e social.[5] Em muitos países latino-americanos, o número excessivo de esferas políticas exacerba esses problemas. Isto é, a fragmentação política do território impede a solução dos problemas econômicos e sociais, em especial os que são de origem geográfica. Como vimos no Capítulo 2, os estados mexicanos com maior quantidade de municípios apresentam níveis bem mais baixos de desenvolvimento. Muitos países latino-americanos têm um número excessivo de esferas administrativas, especialmente em nível municipal. Com uma população de 3 milhões de habitantes, o Panamá tem 67 municípios, enquanto El Salvador, que apresenta uma população apenas duas vezes maior, tem 262 municípios. O número de municípios da Venezuela subiu de duzentos em 1985 para 333 em 1998, e na Colômbia existem mais de mil municípios.

Embora a fragmentação política normalmente tenha profundas raízes históricas, as leis que incentivam a criação de novos municípios têm reforçado essa tendência. Por exemplo, a definição de um componente fixo de transferência fiscal por município (além do componente variável de acordo com a população e com outras variáveis) leva à criação de pequenos municípios. As leis eleitorais que atribuem a cada unidade territorial uma quantidade básica de cadeiras nas câmaras legislativas têm a mesma conseqüência.

Todas essas complicações ressaltam o fato de que, embora a descentralização seja um instrumento fundamental para subjugar a geografia, ela não é um instrumento simples. Para uma descentralização bem-sucedida são necessárias, em princípio, três condições. Primeiro, o processo local de tomada de decisão tem de ser democrático, no sentido de que os custos e os

5 Para uma discussão desse ponto e de suas implicações sobre a governabilidade, ver Banco Interamericano de Desenvolvimento (2000, cap. 4).

benefícios das decisões sejam transparentes e que todos os atingidos tenham a mesma oportunidade de influir nas decisões. Segundo, os custos das decisões locais têm de ser completamente assumidos por aqueles que as tomam, e não ser transferidos para outras unidades territoriais ou para o governo central. E terceiro, as vantagens também têm de se circunscrever aos participantes. Quando todas essas condições estiverem atendidas, as responsabilidades e seu financiamento podem ser totalmente transferidos para os governos ou organizações subnacionais. Infelizmente, poucos – se é que algum – dos problemas que a geografia apresenta permitem que se atendam a essas condições de forma plena. Isso não significa que devemos rejeitar a descentralização, e sim que em cada caso ela deve ser planejada de maneira tal que todos os participantes tenham estímulos semelhantes aos que existiriam se tais condições fossem de fato atendidas.

Para resolver o problema da transparência, é preciso que haja sistemas de participação democrática de tomada de decisões e controle público do governo local (bem como de geração e difusão da informação, conforme examinado na seção anterior). Embora atualmente os governos municipais sejam eleitos pelo voto popular na maioria dos países latino-americanos, nem sempre os municípios são as instituições mais adequadas para a descentralização. A descentralização de responsabilidades para outras organizações ou outros níveis de governo deve ser respaldada por procedimentos de tomada de decisão democrática semelhantes. Por exemplo, nos casos em que as organizações de cafeicultores responderam a uma série de externalidades informativas e a problemas que têm origem, em grande medida, na geografia, os resultados mais favoráveis ocorreram nos países onde essas organizações utilizaram procedimentos democráticos (Bates, 1997).

A fim de evitar que os custos das decisões locais sejam transferidos para outras instituições ou para outros níveis de governo, é preciso impor restrições orçamentárias claras e confiáveis. Para isso, é necessário definir claramente as responsabilidades a serem assumidas pelo governo subnacional ou pela instituição de descentralização pertinente. Igualmente, se forem recebidas transferências de recursos do governo federal para o cumprimento dessas funções, o que deve determinar tais transferências devem ser o nível e a qualidade dos serviços prestados, não os custos realizados ou o direito adquirido, como acontece quando as transferências constituem um porcentual das receitas do governo central. Finalmente, o governo de nível mais baixo também deve ter limites bastante rigorosos de endividamento, que se adaptem à sua própria capacidade de gerar recurso.

Para evitar deficiências ou excessos no fornecimento de determinados serviços que produzem externalidades positivas (ou negativas) para outras unidades territoriais, é preciso criar um sistema para as transferências de recursos (ou impostos) do governo central para os mantenedores. Alguns países implantaram procedimentos conjuntos de financiamento para determinados investimentos que geram importantes externalidades geográficas, como construção de rodovias, tratamento de esgoto ou controle da poluição do ar.

Os países latino-americanos estão abandonando o tradicional centralismo de suas instituições e políticas, em favor de sistemas mais descentralizados e participativos. O êxito dessa estratégia dependerá, em grande medida, de sua capacidade de incorporar novas dimensões da geografia humana e física no planejamento e na implementação de novas políticas.

Bibliografia

O TERMO "reprodução" refere-se a obras produzidas informalmente, que muitas vezes podem não estar disponíveis nas bibliotecas.

ACEMOGLU, D.; JOHNSON, S.; ROBINSON, J. A. "The Colonial Origins of Comparative Development: An Empirical Investigation". *American Economic Review* 91(5):1369-1401, 2001.

ADES, Alberto; GLAESER, Edward L. "Trade and Circuses: Explaining Urban Giants". *Quarterly Journal of Economics* 110(1):195-228, 1995.

ALBALA-BERTRAND, J. M. *The Political Economy of Large Natural Disasters*. Oxford: Clarendon Press, 1993.

ALESINA, Alberto; RODRICK, Dani. "Distributive Politics and Economic Growth". *Quarterly Journal of Economics* 109(2):465-90, 1994.

ALVES, Denisard et al. "Health, Climate and Development in Brazil: A Cross-Section Analysis". Rede de Pesquisa, documento em elaboração n. 386. Washington, D.C.: Departamento de Pesquisa do Banco Interamericano de Desenvolvimento, 2000.

ARRIETA, M. *Agricultura en Santa Cruz: de la encomienda colonial a la empresa modernizada (1559-1985)*. La Paz: Instituto Latinoamericano de Investigaciones Sociales (ILDIS), 1994.

AZZONI, Carlos R. et al. "Geography and Income Convergence among Brazilian States". Rede Latino-americana de Pesquisa, documento em elaboração n. 395. Washington, D.C.: Departamento de Pesquisa do Banco Interamericano de Desenvolvimento, 2000.

BARRO, Robert J.; SALA-I-MARTIN, Xavier. "Convergence". *Journal of Political Economy* 100(2):223-51, 1992.

__________. *Economic Growth*. Nova York: McGraw Hill, 1995.

BATES, Robert H. "Institutions and Development". Em PIZANO, Diego; CHALARCA, José. *Coffee, Institutions and Economic Development*. Bogotá: National Federation of Coffee Growers, 1997.

BEDI, Arjun S. "The Role of Information and Communication Technologies in Economic Development, A Partial Survey". Zentrum Fur Entwicklungsforschung (ZEF). Documento em elaboração sobre Política de Desenvolvimento, Universidade de Bonn, maio 1999.

BITRÁN, Ricardo; MÁ, Cecilia; UBILLA, Gloria. "Geography, Health Status, and Health Investments: An Analysis of Peru". Rede Latino-americana de

Pesquisa, documento em elaboração n. 402. Washington, D.C.: Departamento de Pesquisa do Banco Interamericano de Desenvolvimento, 2000.
BITRÁN, R.; RIESE, C.; PRIETO, L. *Health Care Demand and Expenditure Study in Four Departments of Guatemala*. Cidade da Guatemala: Instituto Nacional da Guatemala, Ministério da Saúde Pública e do Bem-estar Social e MACRO Internacional, 1998.
BLUM, Roberto; CAYEROS, Alberto Díaz. "Rentier States and Geography in Mexico's Development". Rede Latino-americana de Pesquisa, documento em elaboração n.443. Washington, D.C.: Departamento de Pesquisa do Banco Interamericano de Desenvolvimento, 2002.
BRENNAN, Ellen. "Mega-City Management and Innovation Strategies: Regional Views". Em FUCHS, Roland J. et al. *Mega-City Growth and the Future*. Nova York: United Nations University Press, 1994.
CANNING, David. "A Database of World Infrastructure Stocks 1950-1995". Harvard Institute for International Development. Disponível em <http://www.cid.harvard.edu/Infra11.html>, 1998. Reprodução.
CARTER, Michael R.; OLINTO, Pedro. "Getting Institutions Right for Whom? The Wealth Differentiated Impact of Property Rights Reform on Investment and Income in Rural Paraguay". University of Wisconsin Department of Agricultural Economics, 1996. Reprodução.
CLARKE, Caroline. "The Role of International Financing Institutions in Disaster Risk Management in Urban Areas: A Perspective from the Inter-American Development Bank". Trabalho apresentado na Conference on After Disasters: The Impact of Natural Disaster on Urban Development and Public Health in Central America and the Caribbean, 10 jan. 2000.
COATESWORTH, John H. "Economic and Institutional Trajectories in Nineteenth-Century Latin America". COATESWORTH, John H.; TAYLOR, Alan M. (Orgs.). *Latin America and the World Economy Since 1800*. Cambridge, Mass.: Harvard University Press, 1998.
COELHO, Philip R. P.; MCGUIRE, Robert. A. "African and European Bound Labor in the British New World: The Biological Consequences of Economic Choices". *Journal of Economic History* 57(1):83-115.
COORDINATION Center for the Prevention of Natural Diseases (CEDE-Prenac). "Social and Ecological Vulnerability". Trabalho apresentado na Stockholm Consultative Group Meeting on Central America's Reconstruction and Transformation, abril 1999.
CRED (Center for Research on the Epidemiology of Disasters). "EM-DAT: The OFDA/CRED International Disaster Database 1900-1999". Universidade Católica de Louvain, 2000. <www.md.ucl.ac.-be/cred>.
CROSBY, Alfred W. *The Columbian Exchange: Biological and Cultural Consequences of 1492*. Westport, Conn.: Greenwood Press, 1972.
__________. *Ecological Imperialism: The Biological Expansion of Europe, 900-1900*. Cambridge: Cambridge University Press, 1986.
CUERVO, L. M.; GONZÁLEZ, J. *Industria y ciudades en la era de la mundializá-cion. Un enfoque socioespacial*. Bogotá: CIDER-Colciencias-Tercer Mundo Editores, 1997.
CURRIE, Lauchlin Bernard. "The Basis of a Development Program for Colombia". Relatório de uma missão liderada por Lauchlin Currie e patrocinada

pelo Banco Internacional de Reconstrução e Desenvolvimento, em colaboração com o governo da Colômbia, 1950.
CURTO DE CASAS, S. I.; CARCAVALLO, R. U. "Climate Change and Vector-borne Disease Distribution". *Social Science and Medicine* 40(11):1437-40, 1995.
DEININGER, Klaus; SQUIRE, Lyn. "A New Data Set Measuring Income Inequality". *World Bank Economic Review* 10(3), setembro:565-91, 1996.
DE JANVRY, Alain; SADOULET, Elisabeth. "New Ways of Looking at Old Issues: Inequality and Growth". *Journal of Development Economics* 57(2):259-87, 1998.
__________. "Making Investment in the Rural Poor into Good Business: New Perspectives for Rural Development in Latin America". Trabalho apresentado na Conference on Development of the Rural Economy and Poverty Reduction in LAC, no Encontro Anual do Banco Interamericano de Desenvolvimento, Nova Orleans, 25 mar. 2000.
DEPARTAMENTO ADMINISTRATIVO NACIONAL DE ESTADÍSTICA (DANE). Encuesta Nacional de Calidad de Vida, Colômbia, 1997.
DEVAS, Nick; RAKODI, Carole (Orgs.). "Managing Fast Growing Cities". *Longman Scientific and Technical Journal* 268, 1993.
DIAMOND, Jared. *Guns, Germs, and Steel: The Fates of Human Societies*. New York: W. W. Norton, 1990.
EASTERLY, William; LEVINE, Ross. "Africa's Growth Tragedy: Policies and Ethnic Divisions". *Quarterly Journal of Economics* 112(4), novembro:1203-50, 1997.
ECHEVERRÍA, R. G. "Assessing the Impact of Agricultural Research". Em ECHEVERRÍA, R. (Org.). *Methods for Diagnosing Research System Constraints and Assessing the Impact of Agricultural Research*, v.2: *Assessing the Impact of Agricultural Research*. Haia: ISNAR, 1990.
COMISSÃO ECONÔMICA PARA A AMÉRICA LATINA E O CARIBE (Cealc). "Honduras: evaluación de los daños ocasionados por el huracán Mitch, 1998: sus implicaciones para el desarrollo económico y social y el medio ambiente". ECLAC LC/MEX L.367, 1999.
__________. "Confronting Natural Disasters: A Matter of Development". Trabalho apresentado no Encontro Anual do Banco Interamericano de Desenvolvimento, 25-26 mar. 2000, Nova Orleans, LA.
ECONOMIST INTELLIGENCE UNIT COUNTRY REPORT FOR HONDURAS, primeiro trimestre, 2000.
ENGERMAN, Stanley; SOKOLOFF, Kenneth L. "Factor Endowments, Institutions, and Differential Paths of Growth among New World Economies: A View from Economic Historians of the United States". Em HABER, Stephen (Org.). *How Latin America Fell Behind: Essays on the Economic Histories of Brazil and Mexico, 1800-1914*. Stanford, Calif.: Stanford University Press, 1997.
ENVIRONMENTAL SYSTEMS RESEARCH INSTITUTE (ESRI). *Arc Atlas: Our Earth*. Redlands, Calif.: ESRI, 1996.
ESCOBAL, Javier; TORERO, Máximo. "Does Geography Explain Differences in Economic Growth in Peru?" Rede de Pesquisa Latino-americana, documen-

to em elaboração n.389. Washington, D.C.: Departamento de Pesquisa do Banco Interamericano de Desenvolvimento, 2000.

ESQUIVEL, Gerardo. "Convergencia Regional en México, 1940-1995". *El Trimestre Económico. Fondo de Cultura Económica* 264, out.-dez. 1999.

__________. "Geografía y desarrollo económico en México". Rede Latino-americana de Pesquisa, documento em elaboração n.389. Washington, D.C.: Departamento de Pesquisa do Banco Interamericano de Desenvolvimento, 2000.

ESTACHE, A. "Descentralizing Infrastructure: Advantages and Limitatios". Washington, D.C.: Documento em discussão 290 do Banco Mundial, 1995.

EVENSON, Robert E.; PRAY, Carl E.; ROSEGRANT, Mark W. *Agricultural Research and Productivity Growth in India*. Relatório de Pesquina n.109 do IFPRI, 1999.

FAGAN, Brian. *Floods, Famines, and Emperors: El Niño and the Fate of Civilizations*. Nova York: Basic Books, 1999.

FALLON, Peter. "¿Es Possible que las Regiones Atrasadas de un País Alcancen a las Más Avanzadas?" Notas PREM 6 do Banco Mundial (jul.), 1998.

FERNÁNDEZ, C. *Agglomeration and Trade: The Colombian Case.* Bogotá: Banco de la República, 1999.

ORGANIZAÇÃO DAS NAÇÕES UNIDAS PARA AGRICULTURA E ALIMENTAÇÃO (FAO). Banco de dados da FAOSTAT, 1999. <http://apps.fao.org/default.htm>.

FORBES, Kristin. "Growth, Inequality, Trade, and Stock Market Contagion: Three Empirical Tests of International Economic Relationships". Cambridge, Mass.: tese de doutorado no MIT, 1998.

FUJITA, Masahisa; KRUGMAN, Paul; VENABLES, Anthony J. *The Spatial Economy: Cities, Regions, and International Trade*. Cambridge, Mass.: MIT Press, 1999.

GALLUP, John Luke; RADELET, Stephen; WERNER, Andrew. "Economic Growth and the Income of the Poor". Harvard Institute for International Development, 1998. Reprodução.

GALLUP, John Luke; SACHS, Jeffrey D. "The Economic Burden of Malaria". Harvard Institute for International Development, 1998. Disponível em <http://www.hiid.harvard.edu/research/newnote.html#geogrowth>.

__________. "Agricultural Productivity and the Tropics". Centro de Desenvolvimento Internacional, 1999. Reprodução.

GALLUP, John Luke; SACHS, Jeffrey D.; MELLINGER, Andrew D. "Geography and Economics Development". Em PLESKOVIC, Boris; STIGLITZ, Joseph E. (Orgs.). *World Bank Annual Conference on Development Economics 1998*. Washington, D.C.: Banco Mundial, 1999.

GALTON, Francis. *Natural Inheritance*. Londres: MacMillan and Co., 1889.

GAVIRIA, Alejandro; PAGÉS, Carmen. "Patterns of Crime Vitimization in Latin America Cities". *Journal of Development Economics* 67:181-203, 2002.

GAVIRIA, Alejandro; STEIN, Ernesto. "Urban Concentration in Latin America and the World". Washington, D.C.: Banco Interamericano de Desenvolvimento, 1999. Reprodução.

GILBERT, Alan. *The Latin American City*. Nottingham: Russell Press, 1998.

GLAESER, Edward L. "Are Cities Dying?" *Journal of Economic Perspective* 12 (Primavera 1998):139-60.

GLAESER, Edward L.; SACERDOTE, Bruce. "Why Is There More Crime in Cities?" Cambridge, Mass.: National Bureau of Economic Research, documento em elaboração n.5430, 1996.

GLEICK, James. *Faster: The Acceleration of Just about Everything*. Nova York: Pantheon Books, 1999.

GOUESSET, V. *Bogotá: el nascimiento de una metrópoli*. Bogotá: Tercer Mundo, 1998.

HAMER, Andrew Marsh. "Economic Impacts of Third World Megacities: Is Size the Issue?" Em FUCHS, Roland J. et al. *Mega-City Growth and the Future*. United Nations University Press, 1994.

HAMILTON, J. "Del Magdalena a Bogotá". Em *Viajeros extranjeros en Colombia, siglo XXI*. Cali: Carvajal, 1970.

HARDOY, Jorge E. *The Poor Die Young: Housing and Health in the Third World*. Londres: Earthscan, 1989.

HARRIS, M. *The Sacred Cow and the Abominable Pig: Riddles of Food and Culture*. Nova York: Simon and Schuster, 1987.

HEINL Jr., Robert Debs; HEINL, Nancy Gordon. *Written in Blood: The Story of the Haitian People 1492-1971*. Boston: Houghton Mifflin, 1978.

HENDERSON, Vernon. "The Effects of Urban Concentration on Economic Growth". Cambridge, Mass.: National Bureau of Economic Research, documento em elaboração n.7503, 2000.

HUNTINGTON, Ellsworth. *Civilization and Climate*. 3.ed. New Haven: Yale University Press, 1927.

INSTITUTO NACIONAL DE ESTADÍSTICA (INE). *Migraciones de la población economicamente activa*. La Paz: Ministerio da Fazenda, 1997a.

__________. *Salud en cifras: 1990-1995*. La Paz: Ministerio da Fazenda, 1997b.

BANCO INTERAMERICANO DE DESENVOLVIMENTO (BID). *Social Protection for Equity and Growth*. Washington, D.C.: BID, 2000.

FEDERAÇÃO INTERNACIONAL DA CRUZ VERMELHA (FICV). *World Disasters Report*. Dordrecht: Martinus Nijhoff, 1993.

__________. *World Disasters Report*. Dordrecht: Martinus Nijhoff, 1997.

__________. *World Disasters Report*. Dordrecht: Martinus Nijhoff, 1999.

FUNDO MONETÁRIO INTERNACIONAL (FMI). "Country Report for Honduras n.00/5, Jan." Washington, D.C., 2000.

KELLER, Wolfgang. "Geographical Localization of International Technology Diffusion". Cambridge, Mass.: National Bureau of Economic Research, documento em elaboração n.7509, 2000.

LANDES, David. *The Wealth and Poverty of Nations*. New York: Norton, 1998.

LA PORTA, R. et al. "The Quality of Government". Cambridge, Mass.: National Bureau of Economic Research, documento em elaboração n.6727, 1998.

LI, Hongyi; SQUIRE, Lyn; ZOU, Heng-fu. "Explaining International and Intertemporal Variations in Income Inequality". *Economic Journal* 108(446):26-43, 1998.

LIVING STANDARDS MEASUREMENT SURVEYS (LSMS). Lima: Instituto Cuanto, 1985-6, 1994, 1997.

LOBO, José; RANTISI, Norma M. "Investments in Infrastructure as a Determinant of Metropolitan Productivity". *Growth and Change* 30 (Inverno):106-27, 1999.

LÓPEZ, Ramón. "Land Titles and Farm Productivity in Honduras". Departamento de Economia Agrícola e de Recursos da Universidade de Maryland, 1996. Reprodução.

LÓPEZ, Ramón; VALDÉS, Alberto. *Rural Poverty in Latin America*. Washington, D.C.: Banco Mundial, 1996.

MADDISON, Angus. *Monitoring the World Economy: 1820-1992*. Paris: Organização para a Cooperação e Desenvolvimento Econômico, 1995.

MARTENS, W. J. M. "Climate Change, Thermal Stress and Mortality Changes". *Social Science & Medicine* 46(3):331-44, 1998.

MCCULLOUGH, David. *The Path between the Seas: The Creation of the Panama Canal, 1870-1914*. Nova York: Simon and Schuster, 1977.

MCMICHAEL, A. J.; HAINES, A. "Global Climate Change: The Potential Effects on Health". *Review of Economics and Statistics* 62(2):318-21, 1997.

MCNEILL, William H. *Plagues and Peoples*. Garden City, N.Y.: Anchor Press, 1976.

MELLER, Patricio. "Chilean Export Growth, 1970-1990: An Assessment". HELLEINER, G. K. (Org.). *Manufacturing for Export in the Developing World*. Londres e Nova York: Routledge, 1995.

__________. "La maldición de los recursos naturales". *Archivos del Presente* 2(6) out. 1996, Buenos Aires.

MORALES, Rolando et al. "Bolivia: Geografía y desarrollo económico". Rede Latino-americana de Pesquisa, documento em elaboração n.387. Washington, D.C.: Departamento de Pesquisa do Banco Interamericano de Desenvolvimento.

MÜNCHENER RÜCK VERSICHERUNGSGESELLSCHAFT. *Topics 2000, Natural Catastrophes: The Current Position*, 2000.

MUNICH REINSURANCE GROUP. Comunicado à imprensa, 15 mar. 1999.

SECRETARIA DE AJUDA EM SITUAÇÕES DE DESASTRE NO EXTERIOR (OFDA). *Significant Data on Major Disasters Worldwide, 1900-1995*. Washington, D.C.: Agência dos Estados Unidos para o Desenvolvimento Internacional, 1999.

PALERM, Angel. *The Tajin Totonac*. Washington, D.C.: Smithsonian Institution, Instituto de Antropologia Social, 1952.

PAMPANA, E. J.; RUSSELL, P. F. *Malaria: A World Problem*. Genebra: OMS, 1955.

ORGANIZAÇÃO PAN-AMERICANA DA SAÚDE (OPAS). *Health in the Americas*, v.1. Washington, D.C.: OPAS, 1998.

ORGANIZAÇÃO PAN-AMERICANA DA SAÚDE E ORGANIZAÇÃO MUNDIAL DA SAÚDE (OPAS/OMS). *A World Safe from Natural Disasters*. Washington, D.C.: OPAS/OMS, 1994.

PARSONS, J. *La colonización antioqueña en el occidente colombiano*. Bogotá: Banco de la República/El Áncora Editores, 1997.

PEÑA HERRERA, C. "El desarrollo de la geografía en el Perú". Em YEPES, Ernesto (Org.). *Estudios de historia de la ciencia en el Perú*. Lima: Sociedad Peruana de Historia de la Ciencia y la Tecnología, 1986.

PERSSON, Torsten; TABELLINI, Guido. "Is Inequality Harmful for Growth?" *American Economic Review* 84(3):600-21, 1994.

PETERSON, G.; KINGSLEY, G. T.; TELGRASKY, J. P. *Urban Economics and National Development*. Washington, D.C.: Agência dos Estados Unidos para o Desenvolvimento Internacional, 1991.

POSADA, E. *El Caribe colombiano: una historia regional*. Bogotá: Banco de la República/El Áncora Editores, 1998.

PRITCHETT, Lant; SUMMERS, Lawrence H. "Wealthier is Healthier". *Journal of Human Resources* 31(4):841-68, 1996.

PULGAR VIDAL, J. *Geografía del Perú: las ocho regiones naturales*. 10.ed. Lima: Editorial Peisa, 1946.

RADELET, Steven C.; SACHS, Jeffrey D. "Shipping Costs, Manufactured Exports, and Economic Growth". Harvard Institute for International Development, 1998. Disponível em <http://www.hiid.harvard.edu/pub/other/geodev.html>.

RAVALLION, M. *On the Urbanization of Poverty*. Washington, D.C.: Banco Mundial, Grupo de Pesquisa do Desenvolvimento da Economia, 2000.

RAVALLION, M.; WODON, Q. "Poor Areas, or Only Poor People?" Documento em elaboração n.1798 da Pesquisa de Diretriz do Banco Mundial. Washington, D.C.: Banco Mundial, 1997.

RICHARDSON, Harry W.; TOWNROE, Peter M. "Regional Policies in Developing Countries". Em NIJKAMP, Peter (Org.). *Handbook of Regional and Urban Economics*. v.1. Amsterdã: North Holland, 1986.

RIDLEY, Matt. *Genome. The Autobiography of a Species in 23 Chapters*. Nova York: Harper Collins, 1999.

SACHS, Jeffrey. "Helping the World's Poorest". *The Economist* 352(8132). 14 ago. 1999.

__________. "Notes on a New Sociology of Economic Development". Em HARRISON, Lawrence E.; HUNTINGTON, Samuel P. (Orgs.). *Culture Matters. How Values Shape Human Progress*. Nova York: Basic Books, 2000.

SÁNCHEZ, Fabio; NÚÑEZ, Jairo. "Geography and Economic Development in Colombia: A Municipal Approach". Rede Latino-americana de Pesquisa, documento em elaboração n.408. Washington, D.C.: Departamento de Pesquisa do Banco Interamericano de desenvolvimento, 2000.

SEITZ, Helmut. "The Productivity and Supply of Urban Infrastructure". *Annals of Regional Sciences* 29:121-41. Springer Verlag, 1995.

STRAHLER, Alan H.; STRAHLER, Arthur N. *Modern Physical Geography*. 4.ed. Nova York: John Wiley and Sons, 1992.

TANZI, Vito; DAVOODI, Hamid. "Corruption, Public Investment and Growth". FMI, documento em elaboração n.97/139. Washington, D.C.: Fundo Monetário Internacional, 1997.

THOMPSON, E. T. "The Climatic Theory of the Plantation". *Agricultural History* 60 (Jan.), 1941.

TOBLER, W. et al. "The Global Demography Project". National Center for Geographical Information and Analysis Technical Report TR-95-6, April 1995.

UNIDAD DE ANÁLISIS DE POLÍTICA ECONÓMICA (UDAPE). *Dossier de Estadísticas Económicas*. La Paz: Ministerio da Fazenda, 1998.

PROGRAMA DAS NAÇÕES UNIDAS PARA O DESENVOLVIMENTO (PNUD). *Urban Agglomerations, 1950-2015*. Divisão de População do PNUD, 1996.

PROGRAMA DAS NAÇÕES UNIDAS PARA O MEIO AMBIENTE (Pnuma). *Global Environment Outlook 2000*. Nova York: Oxford University Press, 2000.

FUNDO DAS NAÇÕES UNIDAS PARA A POPULAÇÃO (Unfpa). *The State of World Population 1999*, 1999 Disponível em <http://www.unfpa.org/swp/swp-main/htm>.

URQUIOLA, Miguel et al. "Geography and Development in Bolivia: Migration, Urban and Industrial Concentration, Welfare, and Convergence: 1950-1992". Rede Latino-americana de Pesquisa, documento em elaboração n.385. Washington, D.C.: Departamento de Pesquisa do Banco Interamericano de Desenvolvimento, 1999.

WEINER, Jonathan. *Time, Love and Memory. A Great Biologist and His Quest for the Origins of Behavior*. Nova York: Vintage Books, 1999.

WELCOME TRUST. *An Audit of International Activity in Malaria Research*. Londres: The Welcome Trust, 1999.

WILLIAMS, E. *Capitalism and Slavery*. Londres: Andre Deutch Limited, 1964.

WITTOFOGEL, K. *Oriental Despotism: A Comparative Study of Total Power*. Nova York: Vintage Books, 1981.

BANCO MUNDIAL. *World Development Report. Infrastructure*. Washington, D.C.: Banco Mundial, 1994.

__________. *World Development Report. The State in a Changing World*. Washington, D.C.: Banco Mundial, 1997.

__________. *World Development Indicators 1998*. CD-ROM. Washington, D.C.: Banco Mundial, 1998.

__________. "Brazil, Rio de Janeiro: A City Study". Relatório 19747-BR. V.II. Washington, D.C.: Banco Mundial, 1999a.

__________. *Managing Disaster Risks in Mexico*. Washington, D.C: Banco Mundial, 1999b.

WORLD ECONOMIC PROCESSING ZONES ASSOCIATION (WEPZA). *WEPZA International Directory of Export Processing Zones and Free Trade Zones*. 3.ed. Flagstaff, Ariz.: The Flagstaff Institute, 1997.

ORGANIZAÇÃO MUNDIAL DA SAÚDE (OMS). "Malaria Eradication in 1966". *WHO Chronicle* 21(9):373-88, 1967.

__________. *Tropical Diseases*. TDR-CTD/HH90.1. Genebra: OMS, 1990.

__________. "World Malaria Situation in 1994, Part I". *WHO Weekly Epidemiological Record* 36:269-74, 1997.

INSTITUTO DE RECURSOS MUNDIAIS. *World Resources 1996-1997*. Nova York: Oxford University Press, 1996.

Índice remissivo

D

E

M

N

P

R

S

SOBRE O LIVRO

Formato: 16 x 23
Mancha: 26 x 48,6 paicas
Tipologia: Kuenst480 BT 10/12
Papel: Off-set 75g/m² (miolo)
Supremo 250 g/m² (capa)
1ª edição: 2007

EQUIPE DE REALIZAÇÃO

Edição de Texto
Nair Kayo (Preparação de Original)
Regina Machado (Revisão)

Editoração Eletrônica
Eduardo Seiji Seki

Impressão e acabamento
Rua Uhland, 307 - Vila Ema
03283-000 - São Paulo - SP
Tel/Fax: (011) 6104-1176
Email: adm@cromosete.com.br